一緒に飲みたくない客は断れ！

藤嶋由香
（やきとんユカちゃん店主）

ポプラ社

一緒に飲みたくない客は断れ！

藤嶋由香
（やきとんユカちゃん店主）

まえがき　不況下でも行列ができる居酒屋の秘密

新橋一揆、居酒屋店主たちの戦争が始まった

はじめまして、藤嶋由香《ふじしまゆか》と申します。

私は東京の新橋で「やきとんユカちゃん」というもつ焼き居酒屋を営んでいます。

２０２０年３月より、新型コロナウィルスの対策として、「３密」の発生する業態のお店が政府により営業自粛を要請されたのは、ご存じの通りです。

そのときに、私たち居酒屋は、「倒産して死ぬか？　コロナで死ぬか？」という究極の選択を迫られていました。

コロナの影響で、あれほどサラリーマンやＯＬで溢れていた新橋の街はがらりと変わりました。

店を開けていても、お客様は来ません。売上げは前年の８割減になってしまいまし

た。でも、店を開けないことには、ゼロになってしまいます。

大家さんに家賃の支払いを待っていただき、店員さんへの給料の支払いに貯金をすべてつぎ込み、政府からの給付金が振り込まれるのを赤字の状態でひたすら待ち続けました。

しかも、なかなか休業給付金は支払われません。

当時の新橋の居酒屋は、本当に地獄を見ていました。

そこで、新橋の居酒屋仲間で話し合い、「営業自粛要請に従わずに店を開けるぞ！」と、「新橋一揆」を起こそうと結託したのです。

その「新橋一揆」がニュース番組で取り上げられると、マスコミは取材に殺到しました。

私も多数の取材に応じました。

「生きるために戦うこと」

これは、私の経営哲学でもあります。

「新橋一揆」の「一揆」は、反逆や打ち壊しの意味ではありません。

「心を一つにして危機を乗り越えよう」という思いが込められています。

私は、居酒屋を愛するすべての人と心を1つにし、もちろんコロナ対策をしっかり行った上で、庶民の心を元気にする「居酒屋文化」を復興させたいと心から願っています。

本著は、「非常識な居酒屋経営術」について書かれた本ですが、「不況時に強いビジネス」を構築するための「発想や行動」のヒントにもなるよう構成しました。

コロナの影響で、居酒屋・飲食店オーナーさん、そして世の中の多種多様な業種の方がいま必死で戦っておられます。そんな皆様に向けて、この本では、不況時代に生き残る経営術をあますところなくお伝えします。

居酒屋経営は不況の時がチャンス

2020年、コロナ禍により、飲食店の倒産は過去最多を更新し、その中でも居酒屋が最も多いというデータがあります。

本来、居酒屋は不況の味方です。

コストパフォーマンスが抜群にいいのです。

毎月のおこづかいが月3万円のサラリーマンでも、ランチを500円で済ませる方でも、週末に3000円～5000円というわずかなポケットマネーで、同僚と飲みに行けるのが居酒屋だからです。

そこで、ストレスを吹き飛ばし、生きる活力を得られるからです。

しかし、コロナが発生し、営業自粛やディスタンス社会への変化、リモートワーク化などの影響で、居酒屋経営は急速に厳しくなりました。

ここで生き延びることができた居酒屋と、潰れてしまった居酒屋には1つの決定的な違いがあります。

それは、「人の心を癒せるお店だったかどうか」です。

不況のときこそ、人は不安を抱えます。

明日解雇されたらどうしよう、お給料の手取りが下がって家族と揉めたらどうしよう、病気になったら医療費を払えるだろうか、家賃を払えず、住む家を追い出されたたりしないだろうか……。

これらの不安を抱えていても、居酒屋でグチを言ったり、悩みを聞いてもらったりすることで、「きっと、明日、いいことがある！」と希望を持つことができるのです。

お客様にこのような希望を提供できないお店が、今、苦境に立たされています。

たとえば、「安い値段で提供しているのだから多くを求めないでほしい」という店は意外と多いものです。

その結果、店員のサービス精神が低い店……。

お客様が何か簡単なことをリクエストしても、その場で、「それはできません」と拒否するマニュアル店員……。

私は、居酒屋とファミレスの大きな違いは、「店長や店員の顔が見えるか見えないか」だと思います。

つまり、コミュニケーションが取れているかどうかなのです。

お客様が居酒屋に求めるものは、決して味や量だけではありません。

安いお酒と料理で済ませたいのならば、コンビニやスーパーの惣菜で十分です。

お店の人や飲み仲間とのコミュニケーションによって癒やされたり元気をもらえた

りする場であるのかどうか、という点がとても重要になります。

そんな心の安らぎを提供するために、「やきとんユカちゃん」では、まずお客様を選びます。

そして、お店を本当に愛してくれてファンになってくれている良質なお客様を大切にします。

そのお客様の数はたった100人でいいのです。

100人なら顔や名前やどんな仕事をしているのかがわかります。いつもどんな料理を食べるのかもわかりますし、お客様の満足するサービスもできるのです。

ぜひ、あなたのビジネスにおいても「良質な顧客を選ぶ」ことで、不況に強い店創りを目指していただければ幸いです。

「1000円しか使わないお客様はお帰りください」

「1000円しか使わないお客様はお帰りください」

このセリフをどこで聞いたか、私は思い出すことができません。

しかし、お店を経営するのであれば、客数、客単価、回転率について、当然、戦略を立てる必要があります。

「『やきとんユカちゃん』安くて美味しいね」

と、常連客にはよく褒められます。

やきとんとしては安売りをしていないのですが、コストパフォーマンスがいいと思ってもらえます。

実際の平均客単価も、3000円を切ることがありません。

その理由は、「美味しい、だからお酒が進む」に加えて、「お店の雰囲気がいい」からだと自負しています。

私は、串焼き居酒屋の女将となってから、あることに気がつきました。

それは、お店に対して配慮してくれるお客様とそうではないお客様がいる、ということです。

私も自分がお客として他のお店に行くときは、

「ごちそうさまです！」

「美味しかったです！」

と、必ず、お店の人に言います。

まず、この挨拶をする人と、しない人がいます。

次に、店が混んできたときに、さりげなく切り上げてくれる人と、お酒を注文せずにダラダラと長居する人がいます。

「今日は、お客様が並んでいるから、こんなに長居したら悪いよ」

と言ってくださる常連客。

「今日はお客様少ないね。じゃあいっぱい頼んであげようかな」

と気に掛けてくれる人もいます。

そんなお客様には、こちらも感謝の気持ちとして、たくさんサービスしてあげたくなってしまうものです。

私のお店では、「良くしてくれるお客様には良くする」ということを当たり前のようにやっていた結果、自然にお店の雰囲気が良くなり、結果的に良質客だけが集まる状態になったのです。

私自身、お酒は勿論のこと「酒の場」を愛しています。場をしらけさせる暗くてノリの悪い方や、お店に我儘を言い、迷惑をかけても平気でいるような方とは一緒に飲みたくはありません。

店もお客様を選ばせて頂く以上、このように「一緒に飲みたくないお客はお断りしても良い」と従業員にも教育しています。

庶民の味方である大衆居酒屋は、お客様の力で価値を高めていくことが可能です。ぜひ、あなたのビジネスでも、「心づかいの連鎖反応」を最優先して、結果的に良質なお客様を選んでいる状態を作り上げてほしいのです。

不況になると、値段を下げたり、〝誰でもウェルカム状態〟でビジネスをしてしまいがちです。しかし、こんなときこそ〝大切なお客様〟だけを選び、〝もっと幸せにする〟というスタンスでビジネスに向きあうということが大切になると思います。信念を持ち、このピンチを乗りこえて頂ければ幸いです。

一緒に飲みたくない客は断れ！　目次

第1章 もし日本から飲みニケーションがなくなったら？

第2章 生き残るお店は何をやっているのか？

第3章 やきとんユカちゃんのファンマーケティング

第4章 不況のときに出店した店は潰れない

第5章

たった1つの「特別」でお客様はやってくる

第6章 もしも店長が勝手に店を閉めたら？

第7章 1日1回、心を裸にしてください

装丁　bookwall
撮影　永峰拓也

序章　私がやきとん屋店主になった理由

「やきとんユカちゃん」になるまでの私

私は幼い頃に両親が離婚してしまった関係で、父方の祖父母のもとで育ちました。乳飲み子だった弟は、母に引き取られ別々の幼少期を過ごします。

幼少期の私は、とにかく人見知りで引っ込み思案な性格でしたが、中学生になり積極的になろうと決めてからは、交友関係も広がり、自分で考え、責任を持ち行動したいという自立心も芽生えました。それもあり、わりと早い段階から「北海道を出よう」と決め、短大進学を機に上京を決意します。

短大では語学に打ち込む傍ら、モデルの仕事に挑みます。やがて、所属していた事務所でシンガーデビューさせるという話が浮上し、歌手を目指して歌と楽器の練習をするようになりました。その他にも、飲食店でアルバイトをしたり、銀座でホステスをしたり、さまざまな仕事をして学生時代を過ごし、そのまま社会人になります。

２００６年、30歳のときに念願のＣＤデビューを果たし、精力的にライブ活動をおこないました。しかし、音楽だけで食べていくのは難しく、手に職を付け、並行してエステティシャンの勉強をはじめます。

その頃、結婚して家庭を持ち、子育てをする友人も増えてきましたが、私自身、家庭環境に恵まれなかったため、結婚願望というものがありませんでした。自分の足で生きていく道しか考えていなかったので、エステティシャンの技術を身に付けたのち、麻布十番にエステ店を開業したのです。

一見すると、シンガーを続けながら、30歳で東京の中心地に会社を立ち上げる様はカッコいいと思われるかもしれません。しかし、女性が夢を追いかけながら自立して生活を送ることは、決して楽なことではありません。

まして、若い女性が1人で起業するわけですから、銀行の融資1つ受けるのにも、社会の厳しさを痛感しました。

シンガーの傍らエステ店を経営して3年が経った頃、近所にやきとん屋さんがオープンしました。それがのちに結婚した主人が経営する「やきとん 麻布ふじ嶋」です。最初は近所にある飲み屋の1つとして、「素敵な板前さんがいるな」と思いながら通っていました。そんなある日、私が別のお店で飲んでいたところ、偶然、主人がふじ嶋の常連客とそのお店に現れたのです。そのときに、初めて主人とプライベートの話を交わしました。

それから主人と信頼関係を深めていく中で、「自分が携わればもっとお店を大きくできるのではないか」という思いを抱きはじめたのです。

というのも、私の中に「自分の手でビジネスを成功させたい」という思いがずっとあり、残念ながら経営するエステ店ではそれが難しいことに気づきはじめていた時期でもあったからです。やがて私は、結婚して夫のお店を手伝い「店をもっと大きくする」という目標を掲げるようになります。

夢は直営店5店舗展開！

私が結婚した翌年に、東日本大震災が発生しました。被災地の方々に比べれば被害のうちには入らないかもしれませんが、ここ東京でもその影響は大きく、お店の経営も随分と落ち込みました。

お店に携わるにあたり、「お店を大きくする」という目標を掲げた私は、いずれ直営店を5店舗に増やし、その後はフランチャイズなどの系列店として拡大させていこうと考えていました。

それなのに、ぼやっとしている間に1年が経ち、東日本大震災という未曽有の大災害が生じたことで、よりスピーディーに動き、その夢を実現していかなければ叶えられることではないと焦りを感じました。

そんな思いに駆られた私はすぐさま行動を起こし、念願の新橋店を開店。実は、その頃はまだエステ店の経営にも携わっていたのですが、２号店の話が出たと同時にエステ店は人に譲り、やきとん屋一本に集中することに決めました。

当時、新橋店の目の前の道路は開発段階で、街灯もない真っ暗な砂利道でした。決してお客様が足を運びやすい場所ではありませんでしたが、だからこそ味とサービス、価格が肝になると考え、客足が少ない時期も自分たちを信じて毎日営業を続けました。

今でこそお店を拡大することができましたが、当時、閑古鳥が鳴くような状況でも「早く新橋店を軌道に乗せて、すぐにもう一店舗出そう」と私が本気で思っていたことは、誰も信じていなかったかもしれません。

けれど、今回の新型コロナウイルス感染症にしても、東日本大震災にしても、もっとできることがあるのではないか、すぐに行動を起こさなければ瞬く間に時間だけが過ぎてしまうのではないかといった焦燥感のようなものを覚える私は、常に前へ、先へと歩みを進めてきました。

そんな私と対照的なのが、慎重派の主人です。

夫婦としては良いコンビなのかもしれませんが、店の出店に際しても、チャンスがあればすぐに飛びつこうとする私に対し、「もう少し考えよう」という姿勢を見せるのが主人です。気持ちとしては、新橋店出店後、すぐに3店舗目の計画を立てたかった私ですが、新橋店の人員が安定しなかったことや、お客様を獲得する大事な時期でもあったため、そういった課題点を解消し、実際に有楽町店をオープンさせられたのは2017年でした。

それから3年後の2020年に、4店舗目の新橋2号店「ホルモンユカちゃん」をオープン。コロナ禍を逆手に取り、運良く好物件に恵まれ、はじめてお客様自身に焼いていただくホルモン屋を開店させました。ありがたいことに、このご時世でも多くの方に足を運んでいただき、活気を取り戻しつつあります。

目標の5店舗経営までもう少し。次はどのようなコンセプトの出店をしようか、既に頭の中はその構想でいっぱいです。

新型コロナウイルス感染症の流行で変わったこと

２０２０年、新型コロナウイルス感染症の世界的流行が、生活のあらゆる側面に影響を及ぼしました。1月、2月頃は、まだよその国で起きている出来事という程度の感覚でしたが、3月に入ると現実味を帯び、情報が錯綜する中、絶望的な気持ちになったことは言うまでもありません。それこそ夜も眠れず、「これからどうしたらいいんだろう？」と不安に駆られ、大きなショックを受けました。

状況を知ることに精一杯で、いざ緊急事態宣言が出ても協力金は振り込まれない、銀行の融資もおりないといった中、家賃や従業員の給料、仕入れと固定費は当たり前のように引き落とされていきます。そうした自力運転は、7月頃まで続いたでしょうか。売上げは例年の9割減ですから、次の店舗展開に向けて貯めていたお金も全部なくなってしまいました。

あれだけ活気あふれていた街にも、まったく人がいません。

それでも立ち止まるわけにはいきませんから、テイクアウトやお弁当のネット販売を開始してみたりと、試行錯誤ではあるものの、とにかくできることは片っ端から行いましたが、ほとんど売上げにつながりません。

周囲の飲食店も、同じ状況でした。そこで店主仲間と話し合い、自粛警察（営業自粛をしていない店舗などに一般人が嫌がらせをする行為）対策として、自粛破りを行う「新橋一揆」を企てたのです。最初のうちは親しい4、5店舗間での話でしたが、その輪は広がり、多くのお店が賛同してくださいました。

実際には起こしませんでしたが、新橋一揆に関しては、自分の身は自分で守るということもそうですが、根底にあるのは「みんなの生活を守るために」という思いでした。「みんな」というのは家族や従業員だけではなく、取引業者や生産者も含まれます。

飲食店は協力金などが支給されますが、私たちが取り引きしている業者さんには支援といったものがありませんでした。私たち飲食店が営業できるのは、そういった方々がいるからですし、このような不遇な状況を政府や消費者のみなさんにも知ってもらいたいと思い、一揆を企てたのです。

2021年7月、東京都では4度目の緊急事態宣言が発令されましたが、この1年半を経て改めて感じるのは、私たちが信じている味とサービスと価格というこの3つをしっかり貫いていけば、お客様は必ずついてきてくださるということです。

非難や脅迫文など、お店に来たことのない方から未だに心無い不満をぶつけられることはありますが、そうした中でも自分が信じたことを貫く姿勢を応援してくださるお客様が日に日に増えていると実感しています。ですから、どんなことにも屈せずに、これからも信念を貫こうと覚悟を決めました。

それは、飲食業界のみならず、さまざまなビジネスに携わるみなさんにとっても同じではないでしょうか。業種は異なれど、このコロナ禍で大打撃を受けたり、生活が大きく変わったりという方は、多いと思います。つらいことや思いもよらないトラブルは、誰にでも起こりうることです。しかし、いつ何があっても揺るがない覚悟と信念があれば、必ずや乗り越えられると今回のことで学びました。

無論、それは自分1人ではなく、周囲のつながりや支えがあるから成り立つことです。こんなご時世ですから、新橋界隈でも、自分だけが儲かればいいという経営者も多く見受けられましたが、それではいざ困難に陥ったときに誰も協力してくれません。お客様も、そういうお店を見ていれば、状況次第ではサーッと引いていきます。

お店もお客様も、周囲を思いやりながらみんなで良くなっていこう、頑張ろうという気持ちでいるからこそ営業が続けられるのです。私はこれからもそうした思いに共感し合える仲間を大事に歩んでいきたいと思い、本書を執筆させていただきました。

第1章
もし日本から飲みニケーションがなくなったら？

史上最低の居酒屋大崩壊時代

現在、私はやきとん屋、ホルモン屋の女将として、毎日、朝締めの豚を血だらけになって捌《さば》き、おいしいホルモンをお客様にお出しすること、「美味しかったよ！」と言われることを最大の喜びとして、日々を過ごしています。

もともとサービス業が好きで、女性をきれいにするお手伝いができたらなと思い、以前はエステ店の経営を行っていました。

当時は、1人でも多くの女性に、生きる希望や活力、勇気を提供し、充実した人生を送っていただきたい——そんな気持ちで取り組んでいました。

けれど、いつしか「もっと多くの人の笑顔に携われる仕事がしてみたい」と思うようになり、辿り付いたテーマが「食」でした。

食べることは、命をつなぐ本能的行為です。

美味しいものを食べることで、明日への活力が生まれ、みんなを笑顔にできる

――。

食には、そんな力があると思ったのです。

その決心の直後、私は職人気質の板前である夫を接客面でサポートする女将としてお店に立つようになりました。

あれから12年。

ありがたいことに、店舗数も拡大し、順風満帆な日々を送っていました。

しかし、２０２０年に入り、新型コロナウイルス感染症（COVID-19）の影響により事態は急変。人が生きていく上で欠かせない「食」を扱う職業でさえも、全否定される時代が訪れてしまったのです。

ニュースでも、連日「倒産」や「廃業」といった文字が目立つようになってきました。

ここで知っていただきたいのは、「倒産」と「廃業」は異なるということ。

「倒産」とは、会社自体がなくなることを指し、「廃業」とは、その事業のみをたたみ、会社自体は存続することを意味します。

帝国データバンクの発表によると、２０２０年の飲食店事業者の倒産件数は、過去最高となり、業態別で最多となったのは「酒場・ビヤホール」で、全体の24・2%もの店が倒産を余儀なくされました。

しかし、それ以上に増加しているのが休廃業の件数です。

特に東京都内では、飲み会をはじめとするビジネス利用の減少や、国や自治体による2度の緊急事態宣言と3度の営業時間短縮要請の発令があり、2020年は何とか乗り越えたものの、2021年1月にやむを得ず廃業を決断したお店も多くありました。

弊社でも、4店舗中1店舗を廃業せざるを得ない状況に追い込まれました。

緊急事態宣言に伴う営業時間短縮要請に際しては、政府から1日6万円の協力金が支給されるため、小規模店などでは「これで生き残れる」と安心しているお店もあります。

しかし、それで安心してはいられません。

次の策を考えなければ、コロナが収束した後に生き残るのは難しいと思うからです。

果たして、みんながワクチンを接種し、コロナが収束したからと、すぐに飲食店の活気が戻ってくるのでしょうか？

もちろん「戻ってほしい！」と願うばかりです。

けれど、現実問題、以前のような活気を取り戻し、お客様に安心して楽しんでいただくには、10年はかかるのではないでしょうか？　正直、私はそれくらいの覚悟をしています。

このことを考えると、非常に胸が痛いです。なぜなら、私にとってお店とは「生き物」だからです。

人間が食事をしなければ餓死してしまうように、お店も開店しなければ、存在しないも同然。たとえ開店できても、お客様に心から楽しんでいただき、「また来たい」と思っていただけなければ、そこに幸せや成長はありません。

コロナ禍だからと営業もせず、ただ時が過ぎるのを待ち、ぼんやりしているようでは、あっという間にお客様の心は離れてしまいます。これは居酒屋だけでなくすべてのサービスにも当てはまると思います。

確かに今は、大変な時ですが、原点に戻れるチャンスとも言えます。

あらゆる業界がピンチに陥っている時代こそ、笑顔の集まるホットステーションが求められています。多くの業界の大崩壊時代ですが、崩壊と同時に新しい創造が生まれるチャンスでもあるのです。

リモート飲み会は本当に人の心を癒せるか？

リモート会議、リモート授業、リモート合コン、リモートお見合い……。

コロナ感染防止のため、２０２０年はさまざまなものがリアルからリモートに置き換わりました。

その中で、苦肉の策として「リモート飲み会」も生まれました。

しかし、リモート飲み会を「楽しめる」と回答したのは、たったの3割だった、という調査結果があります。

最初は目新しく、面白そうだということで注目されました。

なにせ、距離に関係なく、地球の裏側に住んでいる人とも飲み会ができるわけです。

また、

「上司にお酒を強要されない」

「自分の予算に合わせてお酒を用意できる」

「好きなタイミングで退席できる」

「服装も上半身だけキメればいい」

などのメリットもあり、主に若い人たちの間で盛り上がりました。

でも、実際は定着しませんでした。

その理由は、自宅なので現実的な刺激がないからです。片付けも、自分でする必要があります。家族がいる人は「大人のぶっちゃけトーク」もできません。

ネット環境の問題で笑いのタイミングがずれたり、同時に2人以上の人がしゃべったり、と聞こえづらくなることもあります。

こんな状態ではストレス発散や気分転換にはならない、と感じた人が多かったようです。

私もやってみましたが、対面ならできる簡単な会話の呼吸も合わず、話すのも聞くのもどかしく、正直、「こんなものは早くなくなればいい」と思いました。

緊急事態宣言解除後にお店に来たお客様は、口を揃えて、「やっぱり、リアルに人と一緒に食べるほうが、だんぜん美味しいし、楽しい」と仰っています。

居酒屋は心をオープンにする場所です。

それをサポートするのが、美味しい料理、お酒、そして店員の気配りです。

焼きたてのモツを提供すると、それまで会話を楽しんでいたお客様が、急に黙り込んで目をつぶり、「これ、美味しいね〜」と味に舌鼓を打ってくださることがあります。

その後、お客様の表情が柔和になり、さらに打ち解けてお話しされるようになる、という光景を何度も目にしてきました。

また、お酒が入ると緊張がほぐれて笑顔になり、話しかけてくれるようになったり、お代わりのペースが速くなったりする人がいます。

さらには、盛り上がってくると「ユカちゃん」と名前で呼ぶようになることもあります。

お客様は、距離を縮めながら会話をしたいのです。そのために、わざわざ居酒屋に足を運ぶのです。

私はときに、スナックのママのように、お客様の悩みを聞いたり、新規のお客様を常連さんの輪に紹介したりすることがあります。

デジタルでは得られないさまざまな触れ合いが、アナログの酒場にはあるのです。

「居酒屋文化」は日本の文化です。

リモート飲み会の登場で、逆にリアル飲み会の良さが浮き彫りになったのです。居酒屋で心の距離を縮めることで心も体も元気になれるでしょう。そうなれば、免疫力もアップして、コロナ対策にもなるかもしれませんね。

「会話するな」「席を減らせ」で売上げ激減

飲食店経営において売上げを伸ばすには、回転率を上げるのが一番です。

いかにお客様を集客し、効率的にさばき、回転させるか……これが売上げに直結するからです。

理想は、1時間半から2時間で次のお客様を入れること。

4名テーブルなら、2名ではなく4名でご利用いただき、場合によっては「5名だけど空席を待つなら4名席でいい」と希望するお客様をお通しして、テーブルに収まりきらないほど料理の回転を速くし、たくさん楽しんでいただけるのがベストです。

しかし、新型コロナウイルス感染症対策のガイドラインでも提示されているように、今は3密を避けなければなりません。

当店でも、感染予防対策として、28席ある座席を半分以下に限定し、営業を続けています。コロナ前は、暇な日でも50人は来店していた店舗でさえ、コロナ禍では20人も集客できない日がよくあります。

売上げも、1日につき最低5万円はマイナスになりますから、月に換算するとその額は150万円以上にものぼります。

3密以外に、農林水産省や厚生労働省からも「食事中以外はマスクをしましょう」と注意喚起があり、飲食店ではその影響が客足に大きく響いているのです。

本来、居酒屋とは、お酒の力を借りて、普段言えないようなことを話したり、隣の席に座る見知らぬ人同士が会話を楽しんだりと、人との交流を楽しむ場です。

いくら味が美味しくてサービスが抜群でも、笑顔を交えながらのおしゃべりという、とっておきの〝スパイス〟がなければ、味気ないと感じるのは当然です。

「会話もダメ」、「お酒も減らせ」では、居酒屋の意味がないのです。

できれば私たちも、お客様全員をもてなし、楽しんでいただきたい……そう願ってやみません。

しかしながら、そうも言っていられない中、人数やスペースが限られた状況で、私たちが心から招き入れたいと望むのは、「お店を応援したい」という気持ちで、たくさん飲み、たくさん食べ、「自分の大好きな友人を連れて来たい」と思ってくださるお客様です。

お客様がお店を選ぶように、私たち店舗側も、お客様を選ばなければ存続できないところまで追い込まれています。

実際、このコロナ禍でもお店を支えてくださっているのは、昔ながらのファンの方がほとんどです。もちろん、ファンである常連のみなさんが連れてきてくださったお客様も気持ちの良い方ばかりですし、時には一見の方でも、ご理解・ご協力いただけそうな確証がある方は入店していただきます。

けれども、カフェのようにお食事を召し上がらず1杯だけの利用や、1オーダーで何時間も居座ろうとする方、いつまでも会計をしてくださらない方には、食べていただける方を優先したいとお話しし、お席を譲っていただくようお願いしています。

ただでさえ売上げが激減している今、私たち飲食店が生き残るには、店側もお客様を選び営業しなければ存続の道はないのです。

非常に心苦しいのですが、存続しないと憩いの場だと思ってくれているお客様を悲しませることになるでしょう。楽しんでいただける場を提供し続けていくことで、社会貢献していきたいと思っています。

「良い店」だけが生き残ればいい

私が商売をする上で一番大事にしていることが、3つあります。

それは、「味」「サービス」「適切な価格」です。

もっと詳しく言うと、

・私が思う、本当に「美味しいもの」
・心も寄り添える「サービス」
・高ければいいでも、安ければいいでもなく、味とサービスに見合った「価格」

この3つだけは必ず守ると、オープン当時から決め実行しています。

口で言うのは簡単ですが、果たしてこの3つの要素を完璧に満たしている飲食店が、日本全国に何店舗あるでしょうか。

正直、1つも満たさないお店もあります。

接客もダメ、味もダメ、店は不潔でただ安いだけ……。そんなお店はゴマンとあります。

そもそも、3つのうちどれか1つでも欠ければ、お客様は「来なければ良かったな」と思うものです。

特に今は、「お腹を満たすためだけの店」、「ちょっと友人としゃべればいい店」では生き残れない時代です。

ですから、当店ではこの3要素を肝に銘じるとともに、居酒屋が「お客様を幸せにする場所」になることを心掛け営業しています。

元来、居酒屋とは、世界にも誇れる日本の文化です。

だからこそ、しっかりしたおもてなしという〝ホスピタリティ〟を実行できないお店は、生き残れるわけがありません。

「お客様に幸せになってほしい」

そういう想いと姿勢のあるお店でなければサービス業をやる資格はない！

もっと言えば、そうした志を持つプロ意識の高いお店だけが生き残るべきだと私は思います。

あなたも、お客様の立場になり考えてみてください。

会計時にお金を払う際、「こんなに安いの？」と思える味とサービスが伴っていると、幸せな気持ちになりませんか？

お客様だって同じ。お客様は、お金を払うときに、そのお店の良し悪しを判断するのです。

これは持論ですが、仕事とは、自分のためにするものではなく、「人に幸せになってほしい」という気持ちで向き合うから長続きするもの。

頑張ることも同じで、自分のためには頑張れなくても、大切な家族や仲間のためなら最後まで頑張ろうと思えるものです。

毎日仕事をしていると、同じような作業、似たような日々を送っているように感じるかもしれません。しかし、来店するお客様も違えば、スタッフの体調や気分もその日によって異なります。

同じようでいて、毎日、違う1日なのです。

ですから、どんなコンディションであろうと、個人的に悩みや問題を抱えていようと、お店に立つ以上は「お客様を幸せにすること」、その思いだけを胸に接客に集中します。

「お客様を幸せにする」その思いこそが、これからの飲食店が生き残るためのマストマインドだと私は思います。

実は従業員には、お客様を幸せにする方法の1つとして、お客様を〝片想いの相手〟だと思うよう教えています。

片想いの人に振り向いてほしい……その一心で相手を喜ばせ、自分の良さをアピールする姿勢が、良い接客につながるからです。

恋と同じで、押しすぎても、引きすぎてもダメ。お客様に愛される最適な魅力の伝え方を従業員一同、毎日模索し努力を続けます。

相手がアルバイトでも、そういった点をきちんと教え、「同じ日は二度とない」と刺激を与えてあげることも、経営者としての務めだと考え向き合っています。

いまは〝居酒屋戦国時代〟ともいえるでしょう。居酒屋でも本物しか生き残れないと感じています。コロナによってお店や人はふるいにかけられている時代です。私は、この時代に本物として生き残れるように、お客様を幸せにするために、毎日が真剣勝負です。

飲みニケーションがないと〝犯罪〟が増える!?

朝日新聞社の世論調査によると、新型コロナウイルス感染拡大後の生活の変化において、ストレスが「増えた」と回答した人は53%にのぼるそうです。

無論、コロナ禍以前でさえも、人間みな何かしらのストレスを日々抱えているもの。それが、コロナ禍による生活の変化によって、さらに増長したとしても不思議ではありません。

その大きな要因とされているのが、人とのコミュニケーション不足です。

以前であれば、お酒を酌み交わしながらできたストレス解消も、このコロナ禍においてはできません。

特に女性は、悩みや不安を言葉にして、共感してもらうことでストレスを解消することが多いですから、いかに居酒屋が健全な心を取り戻せる場所として機能していたかがわかります。

緊急事態ですし、命には代えられませんから、多少の規制は仕方ありません。けれど、一方的に「飲みに行ってはダメ」、「外出はダメ」と規制されることが、犯罪につながるという見解を示す有識者の方もいます。

加えて、世代間の交流も、このコロナ禍で大幅に減少したのではないでしょうか。

昨今では、「飲みニケーションは悪しき習慣」と言われていましたが、なくなってみると、飲みの場だから上司、部下、関係なく交流が持てたという良さを実感している人もいます。

新橋という土地柄、これまで何万人という方々の飲みニケーションを拝見してきましたが、普段語れないようなことをお酒を飲み語らう、人間性を分かち合う、居酒屋とは、いわば「格好つけない自己紹介の場」だと感じます。

会社ではそうはいきませんが、お酒を酌み交わしながら、人間性を伝え合う貴重な場です。それも、居酒屋だからそうしたコミュニケーションが実現するのです。

なくなってみて気づかれたという方はお客様にも多く、飲みニケーションが復活した暁には、部下から「飲みに行きたい」と思われる上司を目指したいとお話しされていました。

私自身、アルバイトの子から飲みに誘われると嬉しいですし、お酒を飲み語り合った翌日は、結束感が強まりチームワークが強くなっていると実感します。

人との心の距離を縮める最適な場所、居酒屋は、絶対に廃れてはいけない場所なのです。

わずか3000円でその後のコミュニケーションが円滑になりますし、心のつながり感はプライスレスで一生の宝物です。私は、居酒屋での飲み代は、本当にリターンの大きい投資だと考えています。ぜひ、もっと仲良くなりたい職場のメンバーや友人と居酒屋で語らってくださいね。

その閑古鳥、「コロナのせい」だと思ってない？

時折、経営者の方から、こんな愚痴を聞くことがあります。

「コロナのせいでお客さんが全く入らないよ」

「従業員は言うこときかないし不満ばかりですぐ辞める」

「場所が悪いから客が入らないんだ」

など、私からすれば、店が繁盛しないのも、従業員の教育が行き届かないのも、全て経営者のせい。他のもののせいにするなんて愚かさも甚だしいと、内心毒づいています。

お話ししていて感じるのは、その手の経営者には、「お客様を幸せにしたい」という気持ちがないということ。だからお店のことも、お客様の立場で客観的に見つめられないのです。経営者という立場や名前に胡坐をかいて、従業員任せにしていて結果が出ないと文句を言う。そんな経営者に従業員がついてこないのは当然です。

私は今でも、客席に座り、お客様の目線でお店を見渡します。

そうすると、メニューの位置が高いな、醤油さしが汚れているな、など気づくことが沢山ありますし、トイレ掃除に関しても、従業員よりも率先して行い、気持ち良く使っていただけるよう心掛けています。

お食事にしても、「うちは味にこだわっているからその分、料金を高くしているんだ」と自慢気に言われる経営者がいますが、味にこだわるのは当然で、いいものを使っているから高い値段を付けるというのは自己満足と同じ。本当にお客様の幸せを願うなら、お客様の立場になって、その価値に見合う金額で提供するべきなのです。

また、味が良ければ料金を高くしていいという話でもありません。

高くても、お店がきれいでトイレも清潔、店員が笑顔で気持ちの良い接客があれば納得できますが、お店は汚い、接客はなっていないでは、いくら美味しくても「またあのお店に行きたい」と思われることはないでしょう。

「味良し」「サービス良し」「価格良し」この3つの良しが揃ってはじめてお客様は幸せな気持ちになれるのです。

手前味噌にはなりますが、当店では、営業時間短縮期間でさえも、たくさんのお客様が通ってくださいます。

コロナだから。座席数が減ったから。そんな理由でお店が傾くことはありません。私たちはいつでも「味」と「サービス」と「適正な価格」を守り、「お客様を幸せにする」という気持ちで営業を続けてきました。

また、これはあらゆる業界でも参考になると思っています。

やはり「お客様を幸せにする」という気持ちがすべての原点。私のようにお客様の席に座ると、現状で足りない点や改善点がどんどん出てくるはずです。

本書では、その秘密をあますことなくお伝えし、良いと思うところはどんどん盗み、活用していただければと思います。

共に居酒屋業界を盛り上げ、居酒屋文化を継承する、同じ志を持つ人に1人でも多く本書の内容が届くよう、これまで培ったノウハウを第2章から存分にお伝えしていきます。

第2章

生き残るお店は何をやっているのか？

生き残るお店のキーワードは「感動」

コロナ禍の中、「お客様が飲食店を支援しよう」というプロジェクトがじわじわと広がりを見せています。

グルメアプリを運営する株式会社キッチハイクの「#勝手に応援プロジェクト」では、開始から約1カ月半で、応援総数は1500人を超え、応援総額は350万円を突破しました。

これこそ、不況下で飲食店がファンによって支えられている証です。

飲食店のファンとは、リピーター客、あるいは、その予備軍のお客様のことです。

そして、「また行きたい」と思ってもらうためには、記憶に残る店である必要があります。

そのためには、お客様に「感動」を与えることが必須です。

私の店では、こんな「感動シーン」があります。

たとえば、何軒もはしごしているお客様が来てくださったとします。

お客様はもうお腹いっぱいです。

ところが、そんなに食べる気がなかったお客様が、料理を食べた瞬間、「あれ？美味しいぞ？」と感じ、どんどん頼んでくれることがあります。

空きっ腹で食べる食べ物は何でも美味しく感じます。

しかし、お腹がいっぱいのときに「美味しい」と感じられる料理は、本当に美味しいのです。

これが「記憶に残る感動の味」です。

「全然食べるつもりがなかったのに、美味しくて思わず３０００円も使っちゃったよ！」

お店を出たあと、一緒にいた仲間とこんな笑い話をすることで、さらに記憶に定着します。

また、入店時に機嫌の悪かったお客様が、料理を食べて機嫌が良くなることがあります。

その瞬間、私は密かに勝利感を抱いてしまいます。

最後のお会計で、思ったよりも値段が安いと、お客様はさらに感動し「リピート決定」になります。

逆に、美味しくない料理が出てきたり、対応が悪かったりすると、期待値を下回ってしまって、お客様は二度と来なくなります。

接客においても、マニュアル通りではお客様を感動させることはできません。来店されたお客様1人ひとりをよく観察し、今日はどんな気分なのかな、どんな性格で、どんなコミュニケーションを好むタイプなのかなと考え、個別に向き合いながら対応するのです。

お客様を感動させることとは、いわばホールインワンを出すことです。

「ピンポイントで心を打つ」

不況の中、ファンに支えられて存続しているお店は、そんなホールインワンを意識し、1人ひとりのお客様に、間違いなく確かな味とサービスを提供しているのです。

これはあらゆるビジネスでも同じだと考えています。例えば、営業マンの方なら、相手に対して心に残るひとことで感動してもらえば、顔を覚えてもらえます。そうなると契約につながることもあるでしょう。

ぜひ、感動のホールインワンを目標に、フルスイングでファーストショットを打ってみてくださいね。

「え？　この量でこの値段？」と言わせる

売りにしたいメニューというのは、どの店にもあるはずです。

そういうメニューに関しては、量や値段には細心の注意を払い、こだわるべきと考えます。

全てのメニューを安売りしては、店が潰れてしまいます。ですから、「このメニューは安くした分、このメニューはきちんと利益をいただこう」、そんなメリハリも価格付けでは意識しています。

当店の看板メニューは「朝締めのレバー」です。サイドメニューでは、「ピーマンのお浸し」がよく出ます。

当然、お客様の間でも、「ユカちゃんの店はレバーが美味しいよね」、「このレバーはここでしか味わえない」と言ってくださいますし、「ピーマンのお浸しは常連ならみんな頼むよね」など、そういった口コミが新たなお客様を呼んでくることもあります。

また、私自身も飲み歩きが好きなので、他店を利用して感動したことは、率先して取り入れています。

例えば日本酒です。

私は大の日本酒好きなのですが、常々、もう少し安い価格で、ある程度の量を飲みたいと思っていました。そんな時に、まさに願っていたサプライズを提供してくださるお店があり、とても楽しいひと時を過ごせたのです。

私はその感動を当店のお客様にもぜひ味わってもらいたいと思い、すぐにメニューに反映。この10年、日本酒に関しては原価の2割～2・5割乗せで提供し、1合600円前後で楽しんでいただいています。

私と同じ日本酒好きのお客様が、ご自分も喜んでくださるのはもちろん、お連れの方が喜ぶのを見て、まるで自分のお店のように「な、いいお店だろ?」と得意気に言ってくださるその様子を見ると、こちらまで顔がほころんでしまいます。

お客様に喜んでいただくのは大前提ですが、お客様に、自分の大切な人を連れてきたいと思ってもらえることも私たちの望みです。

つまり、売りとなる看板メニューを最低1つは用意して、記憶に残るような感動を与えることで、お客様のリピートは確定します。

メニュー数が多くても、妥協メニューばかりでは印象に残りません。それよりも、「何を食べても美味しいね」と言われることの方がよほど大事。仮に、看板メニューだけは美味しくても、それ以外があんまりでは、看板メニューの味や価値も落とすことになりかねません。

味も値段も吟味して食べ物で感動を与える。

うちはずっとそれでやってきていますし、「毎日食べても飽きない」という満足感に加え、会計時には「この値段で食べられるの？」というサプライズで更に喜んでいただき、高リピーター率を保持しているのです。

このサプライズ戦略は、居酒屋以外の他の業種にも応用できると思います。集客商品と利益商品をあらかじめ決めておく。その上で、お客様に驚きと感動を与え続ければ、利益はすぐについてくるでしょう。ぜひ、試してみてくださいね。

希少部位を仕入れられる店になろう

当店は今年、本店「やきとん麻布 ふじ嶋」が創業12年、姉妹店の「やきとんユカちゃん麻布ふじ嶋 新橋店」が創業10年を迎えます。

主人によると、精肉店との付き合いは本店オープン時から始まっており、ハッキリ言って当時は、今のような良いお肉は回してもらえなかったそうです。

とはいえ、数ある精肉店の中でも一番美味しいお店を選びましたから、悪いお肉が回ってくることはありません。あくまで、開店当時は今より良いお肉は、いただけなかったという話です。

では、どうして良いお肉をいただけるようになったのか。

その理由は、どんな日も欠かさず毎朝、市場に行き、「ありがとうございます」と手渡しでお肉を頂戴し、お客様に一番美味しい形で提供することを心掛けたことに尽きます。

真摯に向き合ってきたことで、3年くらい経ってようやく「いい部位あったから使ってみる？」とお肉屋さんから声をかけてもらえるようになりました。

日本酒に関しても同じです。

お肉同様、現地まで買い付けに行き、コミュニケーションを図る中で、こちらも2～3年経った頃に、「希少な日本酒が入ったよ」とお声がけいただきました。

信頼を得て価値ある商品を提供してもらうには、時間をかけて誠実に向き合う以外、方法はありません。

また、このコロナ禍で苦しいのは、飲食店ばかりでなく、食材を提供する業者さんも同じです。これまでたくさん応援してもらったように、こんなときだからこそ私たち飲食店側も業者さんを応援したい。そういう気持ちで接していると、やはりまた、当店には良い部位を回そうとしてくださるんですよね。

そんなときは、長年培った真摯な思いが通じていると実感し、業者さんにももっと恩返しができるよう、店を繁盛させたいと力が湧きます。

２０２０年11月に４店舗目をオープンする際も、これまでとは違う部位のお肉を模索していたため、他の業者さんにもあたってみましたが、長年付き合いのある精肉店から「うちで取り寄せられるから安心して！」と言ってもらい、いつもながら希少価値の高い部位を取り寄せることができています。

こうした関係が築けたのも、双方が誠実な気持ちで向き合い、育んできたからこそです。お客様同様、業者さんともしっかり時間をかけて信頼関係を構築することが、心強い味方を得ることにつながるのです。

信頼は１日では構築できません。オンライン全盛期だからこそ、常日ごろから顔を合わせて関係を作ることが大切だと痛感しています。そうすると、相手にとって特別な存在になれるかもしれません。

生き残る店は「トイレが美しい」

飲食店のトイレが汚いと、心底ガッカリしませんか？

トイレは、お客様への心配りを映す鏡のようなもの。トイレが汚いことで、お店全体のイメージを悪くしてしまうことだってあります。

ですから、当店ではトイレ掃除にかなりのこだわりを持ち取り組んでいます。

当店にとってトイレとは、お客様が英気を養い、ホッと一息つける癒される場として活用していただくもの。長居したいとすら思える気持ちの良い空間であるよう、徹底して清掃を行っています。

居酒屋ですから、入れ代わり立ち代わりお客様は利用しますし、何回も使用すれば汚れるのは当たり前。そのため、従業員は15分に1度はチェックし、清潔な状態を保つよう心掛けています。

もちろん店主である私も、率先して清掃を行っていますし、初めてアルバイトに入った子には、私か主人がトイレ掃除のお手本を見せます。「掃除に手を抜く人間は信用しない」とも伝えています。

そうすると、「店主がトイレ掃除をするお店があるなんてビックリです」という感想や、「店主自ら便器に手を突っ込んでいる姿を見て、絶対にサボれないと思いました」と、いかにトイレ掃除が大事な仕事かを理解してくれる子がほとんどです。

「トイレを見れば、そのお店がわかる」と私は思うので、トイレ掃除は仕事の基本として取り組むよう、従業員の共通認識として大切にしている1つです。

その甲斐もあり、お客様からは「ユカちゃんのお店はどの店舗もトイレがきれいだよね」、「トイレが気持ちいいからまた来たくなる」とおっしゃっていただけます。

特に当店で気を配っているのが〝香り〟です。匂いは人の記憶に残るものですから、高級和食店にも卸している芳香剤の業者にお願いして、オリジナルブレンドの香りを定期的に交換しています。

ありきたりな市販品の香りではなく、当店独自の香りとして、料理やお酒の記憶と共に刻んでいただけるよう意識してのことです。

ぜひみなさんも、高級ホテルさながらの当店のトイレを〝癒し空間〟としてご利用になってみてください！

トイレが美しいかどうかでビジネスのお客様に対する姿勢がわかるといえます。お客様が100人いたら100人ともキレイなトイレが好きでしょう。ですが、多くのお店ではなかなかキレイにできないために、ビジネスチャンスを失っているのです。

「トイレを制するものはビジネスも制する」と言えるのではないでしょうか？

「女将・大将」に会いたくなる秘訣

当店はスナックではなく居酒屋ですが、その心意気は同じ。料理とお酒を楽しんでいただく以上に、心も癒やせるよう、日々おもてなしの心で接客に努めています。単に元気に接客すればいいのではなく、常にお客様の様子をうかがい、1人ひとりと向き合う接客を心がけています。

その基本となるのが、お客様の名前を覚えることです。

連日50人から100人のお客様でお店はいっぱいになりますから、名前を覚えるのは簡単ではありません。けれど、そうした中でも記憶に残るような会話を交わし、メモに日付と名前、特徴、どのような会話を交わしたのかを記すことを毎日行っています。

そして、次にお店に来てくださった際は、「○○さん」と名前をお呼びすると、大概のお客様は驚き喜んでくださいます。

これも、当店でのサプライズの1つです。

名前を覚えるだけで「すごくいいお店」と思ってもらえることもありますし、名前を覚えたら、次は好きなドリンクやフードを覚えおすすめするなど、来るたびに何か1つでも喜んでもらえることを探りながら接客しています。

また、会話の中で心がけているのは、自分がしゃべりすぎないことです。

数にしたら、お客様が3つ話したら、こちらが1つ話す。あくまでもお客様が主役ですから、聞き役になり、楽しんでもらうことを意識しています。

中には、おしゃべりをしたくない人もいますから、そういうときは、「お口に合いますか？」など、こちらから一声おかけしてみて、反応をうかがうこともあります。

その返答で、お客様がおしゃべりしたい気分か、したくないのかもわかりますし、お客様が心地よいであろう適度な距離を保ち、楽しんでいただけることを最優先します。

他にも、従業員には仕事終わりに日報を書いてもらいます。

その最後の欄には、「今日来てくださったお客様」を記載するスペースがあり、そこに記入したお客様が次回、来店した際は、「この間はありがとうございました」と真っ先にお伝えするよう教育しています。

これは当店の教訓「お礼とお詫びは3回伝えよう」によるもので、1回目のお礼は会計時に、2回目はお帰りになる際に、3回目は次回の来店時に必ず伝えよという習わしです。

お礼を言う相手の名前を知らないのは失礼な話ですから、来てくださったお客様の名前は全員覚えるつもりで従業員一同、接客しています。当店ではお客様の名前を覚えることも仕事の1つです。

「お客様の名前を覚える」というのはとてもシンプルなことで、本気でやろうと思えば誰でもできることです。仕事では当たり前のことを続けていくことが大切だと痛感しています。お客様にとって嬉しいことを、ひとつひとつ積み上げていく。これからもお客様目線でコツコツ続けていきたいと思います。

経営者が現場に立つことが大切

あなたは普段、どのくらい自分のお店に滞在していますか？

お店は従業員に任せきり……そんなことはないでしょうか。

時折、帳簿の数字だけを見て口を出す経営者がいますが、もしそれで成り立っているなら、相当、優秀な従業員なのでしょう。

私も経営者となり今年で13年目ですが、お店のほころびは、数字には出てこないところから生じるものです。

まして、従業員の日々の努力は、なかなか数字に反映されるものではありません。

けれど、その小さな努力の積み重ねが成果へと現れるものですから、従業員みんなの日々の努力と成長を、真っ先に評価したい、私はそんな気持ちで絶えず店頭で見守っています。

そんな私ですから、経営者だろうと、お店に立つのは当たり前。現場を良くすることを第一にと考えたとき、スタッフの不満を解消することも役目の1つだと思っています。

特に掃除に関しては、従業員の誰よりも率先して行うと決めています。

焼き場に立った後の炭火のダクトも閉店後にピカピカになるまで磨くため、先日もお客様に「ユカちゃんの店ってすごくきれいだよね。何年目? まだ新しいよね?」と尋ねられ、「10年目になります」とお答えしたら、ものすごく驚かれました。

単純な私は、そういう反応が見られるのも嬉しいと感じ、来る日も来る日も新品同然に磨きあげています。

従業員に指示を出して「お前はやってないくせに」なんて絶対に思われたくないですし、とにかくお店は現場がすべて。経営者だからこそ、お店を良くしよう、お客様を幸せにしようと接客する姿を従業員には背中で見せたいと考えています。

時折、お客様からも「従業員に任せればいいじゃん」と助言をいただくことがありますが、もしも従業員に「現場にいなくてもいい」と言われるような仕事をしているようなら、それは経営者として恥ずかしいことです。

それに、人はどうしても楽をする方に流されてしまうもの。

毎日、同じものを売り、同じ流れで開店から閉店までをルーティンワークとしてとらえてしまえば、掃除1つとっても「今日はこれでいいや」、盛り付けにしても「これでいっか」とサボる気持ちが出てしまいがちです。

そうした従業員たちの気の緩みを正すのも、やはり経営者の役目。何か1つでも毎日、新しいことに取り組めるよう、課題を共有しています。

「今日は昨日よりも大きな声で〝いらっしゃいませ〟を言ってみよう」

「今日は誰よりも早くオーダーを取ろう」

「今日は最低でも5人のお客様の名前を覚えよう」

そんな風に刺激を与えることで、従業員も緊張感を持ち取り組めるようになります。

お店は生き物ですから、常時新しい栄養と刺激を与えなければ、健康は保てないのです。

中でも私が効果的だと感じているのが、その日のリーダーを決めることです。

「今日はあなたが掃除リーダー」

「あなたはドリンクリーダー」

「あなたはフードリーダー」

など、責任ある立場を任せることで、従業員の意識は大きく変わります。

結果、店内も新鮮な空気が流れ、それぞれが目的を持ち、みんなでお客様の幸せを願い働くことができるのだと実感しています。

私は、全員がリーダーのお店を目指しています。そして、経営者としてリーダーたちに背中を見せていきたい、そう思っています。みんながリーダー、なのに、ワンチームのチームプレーもできる。そんなチームは最強のチームとして結果も出せると考えています。

回転率を上げる「愛想の良い図々しさ」

飲食店にとって、客席の回転率を上げることは最重要課題の1つです。

コロナ禍の今、3密を避けるため、客席を減らしての営業となれば、なおさら回転率を上げることが大事になります。

そこで当店では、回転率を上げるためのさまざまな施策を行っています。

まず、入店時には2時間制であることをお伝えし、1時間半経った頃に、最後のオーダーにうかがいます。

このとき、1人でも多くのお客様に楽しんでいただきたいという店側の思いをご理解いただき、最後の1杯を注文してくださる方もいますが、お酒が入り楽しくなってしまうと、「そんなの聞いてないよ」、「もう帰れってことかよ」と逆上されるお客様もいます。

中には、「もうちょっといさせて」や、「あと1杯だけ」、「今から友達呼ぶから」など、あの手この手で居残ろうとする方もいます。

当店を気に入ってくださったのは嬉しいですが、そのお客様だけ特別というわけにはいきません。

その際は、「申し訳ございません」と頭を下げ、謙虚な気持ちで事情をご理解いただくよう努めます。それでも応じてもらえない場合は、「感染対策もあるのでご協力願います」とお願いしたり、「ご予約のお客様の準備をしたいので」などとお伝えしたりするようにしています。

ただ、それでもご理解いただけないケースが稀《まれ》にあり、お客様が怒り、揉め出すパターンが一番厄介です。

その際のトラブル回避で大事なのは、「申し訳ありません」と誠意を持った対応でお帰りいただくこと。「次のお客様にお席をお譲りいただけますでしょうか」とお伝えし、ご理解頂くことに尽きます。

私はこれを、「愛想の良い図々しさ」と表現し、従業員にもトラブル回避法として徹底しています。

この方法で、だいたいのお客様はご理解くださいますし、正直、この時点でご理解いただけないお客様には、二度と来店していただかなくて結構だと思っています。

とはいえ、ご理解いただけないのは、お客様が一方的に悪いのではありません。店側としても、反省すべき点はなかったか、きちんと見直すことが大切です。

例えば、お客様同士が会話を楽しんでいたのに、大きな声で話を遮るように「おかわりいかがですか?」とオーダーをうかがってしまったり、お会計の催促が不愛想で早すぎてしまったり……そうした些細な行き違いがお客様を不快にさせてしまうことも往々にしてあるからです。

ですから、経営者として従業員に不手際がなかったか、いつも目を配るよう意識していますし、従業員にも「自宅で行うホームパーティーにお客様を招いたつもりで接客しなさい」と教えています。

自宅に友人・知人を招けば、ホストとして「何飲む？」、「ビールは好き？　ワイン開ける？」、「この料理も美味しいから食べてみない？」など、積極的にコミュニケーションを取り、精一杯のおもてなしをするもの。ですから、お店でもホームパーティーと同じような気持ちで、ドリンクオーダーと一緒に「おつまみに合いますよ」と料理を勧めたり、「お話し中失礼します。おかわりいかがですか？」と一言添えたりと、気配りを忘れない接客を行うよう徹底しています。

そうやってコミュニケーションを重ねる中で信頼関係も育まれますから、トラブルの事前回避だけでなく、常にお客様の幸せを第一に、誠心誠意、真心を込めた接客を行っていく所存です。

愛想の良いコミュニケーションを積み重ねれば、お店の事情をわかってくれる常連さんが現れてくれます。事業として続けるためには、時には図々しさが大切になってきます。もちろんバランスを考える必要もありますが、よかったら、「愛想の良い図々しさ」を参考にしてみてくださいね。

第3章
やきとんユカちゃんのファンマーケティング

たった100人のファンでどんな店も儲かる

100人と聞くと、数の多さに驚かれるかもしれませんが、1日30〜50人のお客様が来店すると考えれば、その全員に心配りし、サービスを提供するのはそれほど難しいことではありません。

仮に来店する30人のうち、1割の方が当店の味とサービスを気に入りリピーターとなってくれた場合、1か月で100人くらいの方が後日、来店してくださり、その方達がまた新しいお客様をお連れくださいます。毎日、目の前のお客様に気配り、心配りをし、お店の良さを伝え続ける——どのような形態の店舗でも、日に30人であればやれるはずです。

その際、私が心掛けているのは、お店の良さを言語化しアピールすることです。

当店であれば串がメインですから、「美味しい！」とおっしゃってくださったお客様には、一言目に「朝まで生きていた新鮮な豚を使っているんです」とお伝えしています。

この言葉に、だいたいのお客様は好反応を示し、興味がある方は「産地は?」「自分たちで捌いているの?」など、次々と質問をくださることもあります。

こういったパワーフレーズを1つ準備しておくだけでお客様の心を掴むことができるので、お店の魅力や自信を持ってお伝えできることは、ぜひ〝決めぜりふ〟としていくつか用意しておくと、お客様の印象に残りやすいでしょう。

また、お店を気に入ってくださると、お客様からお名刺を頂戴することもあります。大体、居酒屋ではお名刺をいただいて終わりという店がほとんどですが、私は時間がかかったとしても必ずメールをさせていただき、お礼を伝えます。

そうすると、「お店のこういうところが素晴らしかったよ」「ここに感動したよ」というお返事をくださる方が多いです。

お客様としても、「まさかメールが来るとは思わなかった」と驚くようで、こうしたアフターサービスも感動の1つになっていると実感しています。

そしてもう1つ、ファン作りで心掛けているのは、焼き場に立つときは〝魅せる〟ことを意識する点です。

ホールにしても、キッチンにしても、絶えずお客様の目に映ります。ですから、飲食業には表舞台、裏舞台もなく、どんな作業でも自分を輝かせることが大切です。

ただ、その中でもうちのメインの商品を扱う焼き場は、神聖な場所であり、舞台で喩えるなら〝座長〟とも言える役割を担う場です。

私自身、焼き場に立つときは全神経を集中させ、一挙手一投足に気を配り、店全体に〝魅せる〟ことを意識しています。

エンターテインメントと言うと大げさに聞こえるかもしれませんが、私は訪れた人みんなの記憶に残り、たくさんのエネルギーをチャージしてもらいたいと願い、焼き場で串を焼いています。

そうやって真心を込めてお酒とお料理、サービスを提供できたのちに、お客様から「楽しかったよ」「美味しかったよ」と言ってもらえることこそ、やきとん屋冥利に尽きる、そんな瞬間となります。

お客様を楽しませることがリピーターにつながります。今の時代は、お店やあらゆるビジネスでもファンづくりが大切だと感じています。それこそ芸能人のような意識も必要になる時代なのです。

店員から「ありがとう」と言ってはいけない

一説によると、「ありがとう」という一言を発するだけで〝オキシトシン〟という幸せホルモンが分泌されることが脳科学的に証明されているそうです。

飲食業はお客様商売ですから、当然、店側がお客様に「ありがとうございました！」と声を張り上げるのが常とされています。

けれど、お客様も心から満足がいくと、たくさんの「ありがとう」を先に発してくださるのです。

「ユカちゃん、今日も元気をもらったよ！　ありがとう」

「ありがとう！　とても美味しかったよ!!」

ありがたいことに、当店の味とサービスと価格に対し、お客様はたくさんの幸せな気持ちと感謝が込められた「ありがとう」という言葉を連日のようにかけてくださいます。

本項のタイトルだけを見ると、「何て横柄な店なんだ！」とお叱りを受けそうですし、実際、他店ではお客様よりも先に「ありがとうございました」と感謝の気持ちを伝えるよう教育しているお店が数多くあります。

しかし、当店ではあえて先に「ありがとう」を言わないよう教育しているのです。それは、私たちはお客様を幸せな気持ちにさせることが第一であり、先に「ありがとう」と言ってもらえる付加価値の高いサービスを提供していると自負しているからです。

結果、「ありがとう」と先にお声掛けいただくことで、お客様ご自身にもオキシトシンが分泌され、「幸せな出来事」として記憶に刻まれます。そして、私たちとしても、お客様の心が満たされたことがその一言で確認できます。

当然、ご満足いただき記憶にも残れば、「またこのお店に来よう」と思っていただけるでしょう。

ですから当店では、マニュアル一辺倒で「ありがとうございました！」と声を張り上げるのではなく、お客様が先にその言葉を発してくださるのを一瞬待つ……。そう心掛けています。

ただ、万が一お客様から「ありがとう」がいただけなければ、こちらから真心を込めてお伝えしますし、その際は何か不手際があったのかもしれないと、自身の言動を振り返る良い機会ととらえ受け止めます。

ちなみに、一瞬待つタイミングとして最適なのが、お客様がお会計を済ませて出入り口に向かう瞬間です。そのシチュエーションで約半数以上の方が「ありがとう」と言ってくださるからです。

また、「ありがとう」と同じように、お客様が満たされた気持ちを表現する行動の1つに、「振り返る」という行為があります。

当店では、お帰りの際、背中が見えなくなるまで外でお見送りをします。そのときに、本当に楽しんで行かれた方や、何度も「ありがとう」と発してくださったお客様は、だいたい振り返り、私たちの姿を確認します。

そこで、こちらも手を振り笑顔で見送っているのを見ると、より嬉しそうな表情を見せてくださるのです。

「最後までしっかり見送ってくれているんだ」

と、ここでまた1つ、お客様を感動させることができるのです。

その際は、感謝の気持ちが伝わるように、深く丁寧に頭を下げます。意図してというよりも、「数ある居酒屋の中で当店を選び、楽しんでいただけた……」それが嬉しく、心からの感謝の気持ちが自然とそういう姿勢に表れることが多いです。

「ありがとう」とお客様から言われれば、私からも「ありがとうございます！」とお伝えするように、お客様のお陰で私もオキシトシンを大量放出することができているのです。

結果、店内は幸せホルモンが充満し、1人ひとりのお客様との関わりも濃く、深くしっかりと脳に刻まれることになるのです。

「ありがとう」をお客様に譲るだけで幸せ感がアップします。「ありがとう」のひと言をもらうためには、お客様の満足感を高める必要があります。そのために日々の努力が大切だと感じながら仕事をさせて頂いています。

お客様に「また来たい」と思わせる居酒屋心理学

何事も第一印象が勝負！　お客様が入口に見えた瞬間に、「いらっしゃいませ〜！」と、いつも笑顔で元気いっぱいに、温かい気持ちでお出迎えしています。

中には、緊張した面持ちで入ってくるお客様もいますから、そんな緊張を一瞬にして解きほぐせるよう、挨拶は全員が笑顔でお客様の方をきちんと見て発声しています。

とはいえ、お客様が「また来たい」とジャッジを下すのは、お帰りになる瞬間、多くは、お会計時です。

「この料理でこれだけ飲んで、気持ちの良い空間でこの値段ならまた来たい！」

味とサービスと価格――そのすべてが揃っていれば、お支払い時にそう感じてくださる方がほとんどです。

だからこそ、最後にそう思っていただくためにも最初が肝心！

温かくお出迎えした後は、居心地の良さを実感していただくべく、清潔な店内へとご案内し、ほっと一息付けるようなリラックスした空間で、美味しいお酒とお料理、サービスを提供していきます。

ですから、「また来たいな」、「今度は友達を連れてこよう！」そう思っていただくためには、当店が掲げる3要素（味＋サービス＋価格）がなくてはならないのです。お値段以上のサービスを提供すること。これは、飲食店を経営する以上、重要なポイントです。

また、もう1点、お客様が「また来たい」と居心地の良さを実感する理由の1つに、肩書は不要であることが関係しています。

お店に入った瞬間、お客様は仕事から解放され、プライベートな空間（居酒屋）で楽しく飲み、食べ、談笑する。それぞれが抱えている立場や肩書から解放され、誰もが横並びで一緒に楽しめる感覚は、レストランやカフェという飲食店では味わえません。それは居酒屋だけが持つラフさであり、特権です。

美味しいものを口にして感動することに、上下関係はありません。

もっと言えば、どんなに地位の高い著名人でも、悩みの根源はそう変わりないのです。どんな立場の人も小さなことで悩んだり、ハメをはずしたり、泣いたり、笑ったり、みんな同じ、みんな平等な人間です。

大衆居酒屋にいると、日々そのことを実感するとともに、逆にこんな時代だからこそ、この文化と場所をこの先もずっとつなげていきたいという思いは増しています。

お客様が一生通えるアットホームなお店が目標です。そのためには、まず、次も来たいと思ってもらわなければなりません。だから、私はリピートしてもらうためにサービスに全力を尽くしています。1回目で終わるのか、2回目も来ていただけるのか、ここはビジネス的には大きな分かれ目です。

ぜひ、読者のみなさんも「リピートしてもらえるにはどうすればいいのか？」を徹底的に考えてみてくださいね。そうすれば、改善のアイデアが温泉のように湧いてくると思いますよ。

流行る店の法則「常連さん8割、ご新規さん2割」

「常連さん」と聞くと、高頻度で利用してくださるお客様のことを指すと思われがちですが、当店の常連さんの定義は、何度いらしていただいても、お店を応援するという気持ちで、たくさん食べ、たくさん飲み、時にはご友人や仲間を連れてきてくださるお客様を言います。

「しょっちゅう来るから俺は常連だ！」と思われている方や、「常連だから特別待遇してもらえる」と勘違いされている方はお断り！　1杯飲んでダラダラ居座り、忙しい最中しょっちゅう話しかけてくるような方は、お帰りいただきます（笑）。

当店の常連さんは、私たち店員と同じように、他のお客様が気持ち良く過ごせるように配慮してくださったり、時には一歩引いたりと、適度な距離感を保ちながらも、お店を応援するファミリーの一員として、とても良い空気感を生み出してくださる方々です。

「あ、今日のお店いい雰囲気だなぁ」と感じるときは、だいたい常連さんが8割、新規のお客様が2割といった割合が多く、初見でも、常連さんが新規のお客様に「これが美味しいよ！」なんてアドバイスしてくださっている光景を目にします。

店員が「こちらが当店のおすすめです！」と一言伝えるより、お客様同士のやり取りの中で情報が伝わった方が、信憑性が高いんですよね。〝類は友を呼ぶ〟と言われるように、常連さんと親しくなられるご新規の方は、だいたい気が付けば当店の常連さんとなり、また新しい素敵なお客様を呼んで来てくださることが多いです。

そういった好循環を目にすると、「この仕事をやって良かった！」と幸せな気持ちになります。

また、時折、同業者の方に尋ねられることがあるのが、前述した〝勘違い〟常連さんの撃退法です。

当店では、そういったいわゆる「一緒に飲みたくないお客」には、速攻でお帰りいただいています（笑）。

飲みもしない、食べもしない、他のお客様にくだを巻く……。それらの言動が見えた瞬間に、「お食事もお済みでしょうし、お席を譲っていただけませんでしょうか？」とお声がけします。

また、当店はもつ焼き屋ですから、ぜひ自慢のもつ焼きを召し上がっていただきたいと思っています。ですから、入り口で入ろうか、やめようかと迷うそぶりを見せている方には、もつ焼きを食べられない方はご遠慮している旨をきちんとお伝えしています。

開店前から何時間もかけて、従業員みんなで一生懸命仕込んだもつ焼きです。できれば「食べたい」と望まれるお客様に1本でも多く提供したい――。その気持ちを真摯にお伝えしています。

それは、たとえ空席があっても譲れない点です。

お客様が「この店は食べなくてもいい！」と一度でもジャッジすれば、良い関係は築けません。端的に言わせていただけば、当店の味を気に入ってくださるお客様だけにご利用いただきたいのです。

2軒目、3軒目でのご利用も可能ですが、必ずもつ焼きはご提供させていただきます。お客様の中には、既にお腹がいっぱいで、最初はお店のルールに従い仕方なく注文される方もいますが、もつ焼きを口に含んだ瞬間「これめちゃくちゃ美味しい！」と言われると「よしっ！」となりますし、その後も何串もおかわりしてくださるのを目にすると、心の中でガッツポーズをしてしまいます。

このように、当店は、味とサービスを気に入り、私たちを応援してくださる常連さんしか歓迎しません。けれど、そう言い切れるのは、味とサービス、価格に絶対的な自信があるからです。

その根底には、「お客様を幸せにしたい」という思いが強くありますから、「誰でも食べていってよ」「みんなウェルカム」などこちら側からお願いすることはなく、先にハッキリとこちらの意向をお伝えすることで、良い関係が築ける常連さんだけが集まる雰囲気の良いお店になっているのです。

その結果、新規のお客様も楽しく飲んでいただけるお店の雰囲気を作り出せると考えています。

個人情報を聞きたがるお客は切ってOK

「ユカちゃん、結婚してるの？」

「Aちゃん（アルバイトスタッフ）、彼氏いるの？」

お客様のお酒が進み、お店のスタッフと会話するようになると、必ずこのような〝プライベートに言及してくる人〟が現れます。

私が実践する「不況に強い店・7つのメソッド」の1つは、「お客が店を選ぶのではなく、店がお客を選ぶ」です。

「やきとんユカちゃん」は、お店に配慮をしてくれる良質なお客様とＷｉｎ－Ｗｉｎの関係を築くことで成り立ち、また、客層のクオリティーを維持しています。

そして、そんなお店の雰囲気を気に入って下さった方が、ファンになり、リピーターになり、友人知人を連れてきてくださり、お店を長期にわたって支えてくれるのです。

そのため、当店では心温まるサービスを提供しながらも、お客様とは適度な距離を保ちます。

冒頭のようなお客様に、まずは内部でイエローカードを出し、度を超えたあたりでレッドカードを出します。

もちろん、酔ってくだを巻いたり、他のお客様に絡むような方にも、正直に「迷惑であること」を伝え、改善されない場合はお帰りいただいています。

以前、男性のお客様と女性店員が、ＬＩＮＥ交換をしたことがありました。

お客様は口説いているつもりだったようですが、店員側にその気がないとわかると、そのお客様は来なくなってしまいました。

色恋営業をかけるお店ではないので、個人情報を教えたところで何の得にもなりません。スタッフを守るためにも、そのようなお客様にはしっかり「ＮＯ」を伝え、しつこい場合は「出入り禁止」にしています。

他にも、初めてご来店されたお客様には、「もつ焼きを食べられますか？」と聞いています。

ホルモンを食べられない人は、いくら席が空いていても入店をお断りします。「食べられる」と言ったにもかかわらず1つも注文しない人には、「これを飲んだらお帰りください」とお願いします。

そのお客様には不快な印象を与えるかもしれませんが、これは他のお客様のためにも、コミュニティ全体を守るためにも、必要なルールとして徹底させています。

そのくらいはっきりしている方が、コアなファンがつくのです。

万人に好かれる必要はありません。

良質なお客様に良質なサービスが行き渡るよう、コミュニティのためにならないお客様にご遠慮いただくということが必要なのです。

これらの対応は、オンラインサロンなどのコミュニティを運営するうえでも参考になると思います。コミュニティの質を守るためにはある程度のルールを決めて実行する必要があります。うやむやになってしまうと、コミュニティの雰囲気が壊れる危険性もあります。厳しいようですが、すべてのメンバーに迷惑がかかってしまうので、質のコントロールは大切です。

やってはいけないグルメサイトの使い方

飲食店の集客にはグルメサイトが有用だと思われている方もいますが、お店の集客力は〝リピート率〟がほとんどを占めています。

そもそも、お店が継続するのも、リピーターがあってこそです。

オープン当時など、数回はグルメサイトに頼り集客をすることは必要かもしれませんが、SNSでの発信が主流となる現代において、広告宣伝費は売上げの1％くらいにとどめるべきと私は考えます。

仮にグルメサイトを利用し、来てくれたお客様が1回のみの来店となれば、これほど無駄な経費はありません。

実際、当店では、お店が「ここにある」という地図代わりと、電話番号を知ってもらうために、グルメサイトを月額２万円ほどで利用しています。

そして、広告宣伝用には無料で利用できるInstagramを使用しています。

Instagramでは、お肉の仕入れ状況を伝えたり、朝締め豚を捌いているシーンを投稿したり、今後は動画を投稿するなど、あらゆる形でお店の情報を即時お届けできればと考えています。

グルメサイトを批判するわけではありませんが、グルメサイト経由で来店したお客様には、１件につき３００円の手数料をサイト側にお支払いします。

ですから、１００人来店があれば３万円、２００人なら６万円と、プラットフォームを利用するだけで手数料が引かれるのです。それがグルメサイトの収益の仕組みだとわかってはいても、できるなら頼らず集客をしたいというのが本音です。

無論、中には予約管理をしなくても済むなど、人件費の削減という意味でグルメサイトを上手に活用されているお店もありますし、路面店などと違い、ビルの上階や地下などわかりづらい場所にお店を構えている店舗にとっては必要なツールかもしれません。

ただ、結局はリピート率が集客の鍵を握りますから、お金をかけてグルメサイトを利用するなら、その経費を生かすためにも必ず何度も訪れてもらえるような価格設定と味、サービスの向上に勤しむしかありません。

知人のお店では、リピーター確保の戦略に、独自の割引券やポイントカードを発行して来店を促すといった取り組みをしていると聞いたことがあります。いかにお客様を取りこぼさずリピーターになっていただくか。それも経営者に課せられた業務の1つです。

これまでの話は、経営者や個人でビジネスをされている方にも参考になると思います。
1　有料広告は最低限で利用して、基本的には無料のSNSで集客する。
2　あとのリソースは、リピートして頂くためのあらゆる努力に注ぎ込む。
みなさんのマーケティングのヒントにして頂けたら嬉しいです。

活気のある店、うるさい店の違いとは？

「ユカちゃんのお店、いつも活気があっていいよね」

「みんな明るいからこっちまで元気になっちゃうよ」

常連さんから、こんな風にお声がけいただくことがよくあります。

それもそのはず、私たちはお客様に幸せになってほしい、楽しんでもらいたい、喜んでいただきたいという気持ちを込めて、従業員みんなで声を出し接客をしているからです。

むやみやたらに大声を出して元気の良さをアピールするのではなく、お客様のことを第一に考えての言動となるため、決して迷惑にはならないのです。お客様の反応や間合いを見て、声のボリュームを調整したり、声をかけるタイミングを計ったりと、適宜対応するように心掛けているからです。

一方、以前、訪れた居酒屋では、こんなことがありました。

その居酒屋では、誰かがお酒を注文するたびに、お店にいる人全員で一緒に乾杯をするという演出がなされます。

お客様がお酒をおかわりするたびに「おかわりいただきましたー」と店員全員で復唱するところまではわかります。ですが、そのお店では、その後に「それではみなさんご一緒に、かんぱーい！」という発声で、お店にいる全員がグラスを掲げ傾けなければなりません。

一体感が出て盛り上がる演出とは言え、じっくり話したいときもありますし、最初の数回は良くても、回数が重なれば会話の妨げとなるため、正直「うるさい」と感じてしまいました。

そうした雰囲気が好きな方は良くても、純粋にお酒や料理、会話を楽しみに来ている人たちにとっては迷惑でしかないのです。

つまり、「活気がある」と「うるさい」との違いは、心がこもっているか、いないかの差。店側は楽しませているつもりでも、一方的な自己満足である場合もあります。

他にも、テレビやBGMのボリュームが大きくて、相手の会話が聞き取りにくいなど、居心地の悪いお店もありました。

そんな風に、客として訪れたお店ではあらゆる発見ができることから、私も当店の客席に座り、お客様の目線で気になることはないか、どのように映っているのかなどを確認するようにしています。

逆に、もしも当店に不快な騒ぎ方をするお客様が訪れた場合は、他のお客様が言葉を発するよりも先に「周りのお客様がお困りですので少しボリュームを下げていただけませんか？」とお声がけをします。

そういう団体は、ほぼ酔っぱらっているため、何度か注意しても変わらないということも……。その際は、「ご迷惑になりますのでお会計よろしいですか？」とお帰りいただけるよう仕向けます。

ここで大切なのは、自分の苛立ちを伝えないこと。「お帰りください」とはストレートに言えないので、相手に「申し訳なかった」、「自分たちが悪かった」と思ってもらえる言葉選びが重要です。

姿勢としてはご協力やお願いという気持ちですが、「声のボリュームが大きい」、「周囲が迷惑している」ということをきちんとお伝えすることで、ご自身が迷惑をかけていることに気づいてもらえるようにしています。

実は、活気のある店とうるさい店は紙一重でもあります。なので、私は、常にお客様にとって活気のある店とはどんなお店か？　を考え続けて行動しています。逆に、うるさい店と思われる要素を除いて、未然にクレームを防ぐことも大切です。いずれにしても、お客様にとってのベストを考えていると判断を間違えないと感じています。

お客様に呼ばれたら恥と思え

仕事をしていると、自分の作業だけに集中してしまうことがあります。

「仕事」と「作業」。聞くと意味合いは同じに感じるかもしれませんが、私はこの2つの言葉には、大きな違いがあると考えます。

「仕事」は、売上げを上げるために、今この瞬間に何をするか考えながら動くこと。

「作業」は、黙々と行うことで、AIでもできる仕事を指します。

つまり、接客中は自分が作業をするだけのロボットにならぬよう、常に顔を上げて、お店の隅々まで見渡し、お客様の様子やサインを逃さずチェックするよう意識しています。

焼き場に入ったときは、絶えず顔を上げることはできませんが、できるだけ顔を上げ、見落としがないか、それこそ舞台上の座長として全体を見渡すような心持ちで視野を広げます。

そんな時、顔を上げて一番に探すのが、注文をしたそうにしているお客様はいないかです。

当店では、「お客様に呼ばれたら恥と思え」と教育しています。お客様に「すみません」と呼ばせたり、手を上げられたりするよりも先に気づき、こちらから注文をうかがうようにしようといつも従業員には声をかけています。

それに、注文をしようとするお客様の多くは、決まって何らかの予兆があります。

例えば、会話を中断して、顔を上げてキョロキョロしだしたり、壁に貼ってあるメニューや手元のメニューを見たりと、「これから注文しよう」という雰囲気を醸し出します。

また、当店には「氷の音が鳴ったら注文に行け」という教訓もあり、グラスのお酒が減り、氷同士がぶつかる「カラン」という音には絶えず反応するよう、目と耳、両方で感じ取る訓練を課しています（笑）。

他にも、テーブルの上に、下げられる汚れたお皿は載っていないか、料理の注文は足りているか、調味料の並びは乱れていないかといった点もチェックするようにしていますし、トイレのチェックも適宜行うようにしています。

また、お客様だけでなく、従業員で困っている様子はないか、暇を持て余している子はいないかといったことも、気にかけています。

このように、顔を上げて見渡すことで、あらゆる気づきが得られます。

特に従業員には、「楽してお金を稼ぎたい」という子もいますから、手が空いてるのを発見したら、溜まったドリンクのグラスを洗ってもらうなど、何かしら仕事を与えられるようにしています。

お客様にストレスなく楽しんでいただけることを第一優先に。そして従業員は、売上げを上げるために、今この瞬間に何をするか考えながら仕事をすることで、笑顔があふれ活気ある空気が店内に流れます。

現場はわずか1分でどんどん変化していきます。そのわずかな変化を見逃さないよう、常にお客様の動きを視野に入れる必要があるのです。気づかなければ何もできません。気づけば何らかの対応はできるのですから、お客様に対して「粗相」のないように全神経を集中させています。

「全ての仕事は気づくことから始まる」といっても言い過ぎではないでしょう。

第4章

不況のときに出店した店は潰れない

「どん底期の出店」ほど強いものはない

景気の良い時は、勢いで出店しても、それなりにお店は儲かります。しかし、不況の中、飲食店を出店するということは、しっかり戦略を練らなければうまくいきません。これは飲食店経営だけでなく、すべてのビジネスで言えることです。

2020年11月、当店の4店舗目の出店は、まさにそうした状況下での決断となりました。

串焼きで提供するホルモンではなく、お客様自身でロースターで焼いていただくホルモン屋をやりたいという思いは、実はコロナ禍以前からありました。けれど、なかなか良い物件が見つからず、出店の話は先送りになっていたのです。

そうした中、新型コロナウイルス感染症が蔓延し、飲食業界は大打撃を受けました。相次ぐ閉店、倒産は、同業者としても心が痛く、見るに堪えぬものでした。

しかしながら、幸運にもその最中に理想の物件が見つかったのです。

新橋の路面店でした。通常であれば競争率が高く、大手企業が独占してしまうため、私たちのような個人店には回ってこない好物件でした。しかも、不況のせいで家賃面でも融通が利くというではありませんか！

物件を見に行ったところ、ひときわ輝きを放つ店舗が目に飛び込んできました。私の心は一瞬で決まりました。

とはいえ、勢いだけでスタートするのは危険です。「こういう時代だからこそ回ってきたチャンス！　絶対に失敗しない！」と思えるまで、戦略を練りに練った後に、慎重に開店しました。

その後、お客様の応援もあって、無事にお店を運営できていますが、全力で応援してくださるお客様は皆、店に対して「親心」を抱いてくださっているように思えます。「俺がこの店を育てるんだ！」と言わんばかりに、知りうる限りの「食べる」「飲む」が好きな方を大勢連れてきてくださいます。

そういった姿を見ると、「たくさんのお客様を喜ばせて、成功したい！」という思いがより強くなるものです。そのお陰もあって、気持ちが前向きになり、たくさんのアイデアが閃き、それらを次々と実践しています。

4店舗目の出店で感じたのは、不況の今だからこそとにかく〝目立つ〟ということです。もし、景気回復しつつある時期だったら、他店も相次いで出店するため、競争率も高く、当店の出店は埋もれてしまった可能性があります。

しかし、ここに落とし穴があります。目立つが故に「顧客満足度の低いメニュー」を提供してしまうと、噂が回るのも早く、早々に店じまいとなってしまうということです。

どん底の時の開店やビジネス創業は、徹底的にサービスや商品の質を高めることで、普段の何倍もの目立ち方をします。どん底の時の強みを活かし、新しい挑戦に踏み出してゆきたいものです。

居酒屋は作る前から流行るかどうかが決まっている

既製品でも美味しいものがある今の世の中、極論を言えば、誰でも出店できるのが居酒屋です。

居酒屋はお客様から一流料理店のような料理の腕を求められているわけではないため、これといった特徴がなくても利用する方は大勢います。

しかし、数ある居酒屋の中で選ばれるお店になるためには、他店との差異化が重要です。人通りの多い物件でも、何の個性も主張もないお店では、確実に潰れるからです。

では、どうやって差異化を図るのか？

居酒屋の流行る、流行らないを決めるのは「サプライズ」です。

味でも、サービスでも、価格でも、サプライズがあるお店は生き残れます。もっと言えば、当店のように味・サービス・価格、どれを取ってもサプライズがあるお店は繁盛店になれます。

特に、うちの一番の売りは、朝まで生きていた豚を朝締めし、自分たちで捌き調理して提供していることです。

新橋にはやきとん屋がたくさんありますが、朝締めして提供しているお店は他にほとんどありません。だいたい、他の業者が串に打ったものを提供しているので、豚肉も2～3日経ったものを使用しています。

それでも新鮮ではありますが、より新鮮なのは、ほんの数時間前まで生きていた当店の豚肉ですし、毎日市場に買い出しにいき、自ら血だらけになって捌いていると聞けば、お客様へのインパクトは絶大です。

また、本店の麻布十番では、土地柄、食に関心の高いお客様が多いため、季節のお野菜を直接農家から仕入れ炭で焼いたり、季節ごとにメニューをチェンジしたりしてご提供しています。

他にも、私がプライベートで通う居酒屋を例にあげると、他のお店では扱っていない珍しい日本酒を安価で提供しているお店にサプライズを感じました。私と同じように、そう感じるお客様が多いのか、案の定、そのお店はいつもお客様でいっぱいです。

聞けば、店主が蔵元まで足を運び、出回っていない日本酒を仕入れているそう。やはり、そういった努力が伴わなければ、お客様を「あっ！」と言わせるようなサプライズには到達出来ないのです。

味以外にも、お店の内装や店員（キャスト）、演出面でサプライズを提供するお店もありますが、居酒屋は基本、食べ物とお酒を売るお店なので、人を売りにすると、万が一、その人がお店に出られなくなれば、〝売り〟そのものがなくなってしまいます。

ですから、あくまでも味とお酒でお客様の心を掴むことに集中した方が、お店の継続につながるでしょう。

難しいのは、マンネリ化するとお客様からの飽きが生じることです。

同じクオリティを保つことは大事ですが、「今日はこのメニューもありますよ！」など、絶えず新しいサプライズを仕込んでいくことを忘れてはなりません。

例えば、麻布十番のお客様に比べて、新橋のお客様はあまり野菜を好みません。ですから、麻布十番で喜ばれる季節の野菜を、同じように新橋で提供してもサプライズにはならないのです。

つまり、その地域に訪れるお客様に合ったサプライズを想定して準備することもポイントでしょう。

私たちも、これまで数えきれないほどのサプライズを考案し、実行してきましたが、なかには盛り上がらないサプライズもありました。

このように、お客様に心から喜んでいただけるものを作ることの大変さは間々ありますが、目の前で驚いたり、笑顔を見せられたりすると、「次はどうやって喜んでいただこう？」とワクワクで胸がいっぱいになります。

サプライズを作り、提供し続ける……。イノベーションの創出というと大げさかもしれませんが、継続的にサプライズを考案し、実行できるお店がサバイブする時代です。

ありえないくらい良い物件がゴロゴロある時代

突然ですが、駅近物件と駅遠物件では、どちらのお店が潰れやすいと思いますか？駅から遠くなれば必然的に客足が遠のき、売上げが立てられずに、潰れやすいとお思いかもしれません。

ですが、「居抜き情報．COM」の調査によれば、コロナの影響によって、最寄り駅から近い位置にある店舗ほど閉店率が高い傾向にあるそうです。

緊急事態宣言で外食が自粛となり、駅前の路面店という最高の立地の物件を、大手飲食系企業がどんどん手放し始めました。

しかも、居抜きです。

自分でゼロから設備投資をすると1500万円くらいのコストがかかります。

これが居抜きだと、半分以下の600万円程度にまで下がります。

前の借り手には民法で、「原状回復義務」が定められています。自分たちが使っていた設備を撤去し、元のスケルトン状態に戻す義務のことです。

しかし、次の借り手が「造作譲渡料」を払って設備を買い取れば、前の借り手は「原状回復」をしなくて済みます。これが居抜き譲渡の仕組みです。

しかし、不況下となると、大家さんは一刻も早く次の借り手が欲しいと考えるため、設備付きにもかかわらず、「造作譲渡料ゼロ円」で募集をかけることがあります。

前の借り手に敷金の返納をおこなわずに、原状回復義務を書類上免除し、設備はそのまま次の借り手に使わせるという仕組みです。

それでも借り手がいないくらい、今はみんなチャレンジしない時代です。

だからこそ、これまでならありえないような優良物件が、個人店でも借りられる大チャンスなのです。

誰もやらないときにやる、という人こそ「エビ鯛」「たなぼた」にありつけるものです。

お店を出したい人は、今すぐに物件情報を集めましょう。

インターネットで探すだけでなく、不動産屋に話を聞きに行き、オーナーの人物像などもさりげなくチェックしてください。

希望するエリアでなくても、路面店であったり、人通りの多い場所であったり、換気が良いなどの条件があれば、それは優良物件です。

そんな優良物件が破格で入手できるのは、本当に今だけなのです。

不況時こそ「居酒屋」が最強である理由とは?

居酒屋の誕生は、今からおよそ270年前の江戸時代と言われています。酒屋さんがその場でお酒を飲む場を設け、つまみも提供し始めたことから、「居座りながらお酒を飲む」という語源によって「居酒屋」と命名されたと言われています（諸説あり）。

時を経て近所の社交場のようなスタイルから、現代の居酒屋へと発展していったのでしょう。お小遣いで、ちょっと飲んで、食べて、身近な人との会話を楽しむ……その利用法も、当時からあまり変わっていないように感じます。

このコロナ禍でも、居酒屋を欲する人の多いこと！　緊急事態宣言により自粛を余儀なくされる中でも、心のオアシスを求めるように短時間でも当店に足しげく通ってくださるお客様が大勢います。しかも、お客様の多くは「開けてくれてありがとう」と笑顔で言ってくださいます。

派手に遊んだり、思い切り贅沢したりということはできませんが、居酒屋で飲んだり、食べたり、誰かと談笑して心を癒して帰っていただきたい――そういう気持ちで接客していますが、お帰りの際の背中は、来店時よりも、どこかすがすがしく感じられ、こちらまで嬉しい気持ちになります。

そもそも、居酒屋は高級店と違い「仕入れ値」が安価なので、お小遣いで楽しんでいただける場所です。そういう意味では、まさに不況時においては最強と言えるのです。

冒頭、居酒屋文化についても触れましたが、いわば居酒屋は、心のオアシスであり、ストレス解消の場。いつの時代でも必要な場所なのです。一瞬でもいいから、仕事や普段のストレスを忘れる時間を作ってほしい……。それが私の願いです。

実はコロナ禍以前にも、当店の営業継続の危機は何度か訪れました。

最初は、リーマンショックです。

本店の麻布十番が、リーマンショックの影響で売り上げが4割減になり、その時は、慌ててもつ鍋を新メニューに追加し持ちこたえました。

その次は、東日本大震災です。あの時は、一瞬だけ客足が途絶えましたが、飲食が禁止されたわけではないため、ライフラインが使えないといった面を除けば、影響が出ることはありませんでした。

そして今回、新型コロナウイルスが蔓延したわけですが、2020年4月からの1回目の緊急事態宣言では、売上げが9割減となり、その後も後を引き、貯金を切り崩しての営業を続けてきました。

ただ、有難いことに、常連さんのお陰で食べていける分は稼げていましたし、お客様も料金が高くないことを知っているので、しょっちゅう来ては感染対策万全の店内で安心して憂さ晴らしをして飲んで、食べて、楽しんでくださいました。

飲食店の休業・閉店が相次ぐ中、生き残っているのは、そうしたお客様のお陰であり、当店のモットーである味とサービスと価格にこだわり続けてきたことが救いになったと自負しています。

今なら「個性的なコンセプト」で勝負できる

「常に新しいチャレンジを続けよう！」

これは、私がお店を始めてから常々考えていることの1つです。特に、コロナ禍で時間に余裕ができた時は、アイデア出しに時間を割いてきました。

じっとしていられない性格なのもありますが、「余った時間を少しでもお店の発展のために使いたい！」そんな気持ちで周囲を見渡しては、「何か面白いことはないか？」、「どうにか売上げにつなげることはできないか？」と常にアンテナを張って過ごしています。

不況の時期は、大半が挑戦することに腰が引けてしまいます。周囲の目も批判的なことが多く、何か始めるにも躊躇しがちです。

けれど、不況下だからこそ、個性をどんどん発揮すべきだと思います。

正直なところ、「コロナが収束したら開店しよう」、「新橋に活気が戻ってきたら夜間営業しよう」と考えたこともありました。ですが、この状況だからこそ、前向きにチャレンジしないと、それこそ店は潰れてしまうのです。

どん底の時だからこそ、果敢に挑戦しなければ生き残れません。独創的なコンセプトやアイデアがあるなら、こんな時こそ、どんどん出して勝負すべきだと私は思います。

「世間に媚を売る必要はない」

そう振り切れた今、YouTubeチャンネルにチャレンジし、「お肉の通販事業の開始」に向けた準備を進めています。

YouTubeでは、朝締めの豚1頭を自ら捌いている様子や、その新鮮さを動画で知ってもらいたいと思っています。

通販では、実際に捌いた新鮮なお肉を家庭でも味わっていただけるような仕組みづくりを現在、考案中です。

そういう意味では、２０２０年春の緊急事態宣言による自粛期間中のテイクアウト販売も、私にとっては新たな取り組みの1つでした。

当店だけでなく、新橋界隈の飲食店が一致団結し、少しでも新橋の町を盛り上げようと、ＬＩＮＥを活用したテイクアウトスタンプラリーを実施。初めての試みでしたが、大いに盛り上がりました。

「自粛期間でも何かできることはある」

加盟した10店には、そういった気概がありましたし、自粛期間、ただ休むのではなく、ビジネスにつなげるための勉強の時間と捉え行動してきたお店は、この過酷な状況の中でも着実に売上げを上げ続けています。

今回の経験を通して感じるのは、経営者である以上、スイッチをオフにしてはならないということ。どのような状況でも、常にビジネスチャンスを考える姿勢が、商売人には不可欠でしょう。

奇をてらってメディアの気を引く必要はない！

コロナ禍でも営業を続けていた当店には、かなりの数のメディアが取材に訪れました。

「営業を我慢している飲食店の代表としてコメントをください」と求められたこともあれば、「政府に対して怒っているカットが欲しいです」とスタッフから要望を受けることもありました。

テレビを見てくださったお客様から、「ユカちゃんまたテレビ出てたね！」なんてお声がけいただけるのはいいのですが、中には売名行為だと批判する方もおり、そのたびに、とても残念な気持ちになります。

番組出演に関しては、こちらからお願いしたことは一度もありません。まして、お店の宣伝に利用しようという気持ちも皆無です。ただただ現場の悲惨な状況を知ってもらいたい。その一心でお引き受けしたまでです。

確かにメディアに露出することによって、お客様が殺到することはあります。けれど、そんなのはほんの一瞬です。中には面白いもの見たさに遠方からやってきてくださった方もいます。

しかも、メディアを見て来店したお客様というのは、興味が薄れれば、もう来店しなくなります。

リピーターになってくださるならまだしも、単なる冷やかしですし、満席になって大切な常連さんをお断りするなど、当店には何のメリットもないのです。

それは居酒屋経営にも言えることで、インパクト重視で奇をてらった手法で客寄せしたり、メディアを呼んだりしても、内容が伴わなければ一瞬で終わります。そんな子ども騙しのような手法は、言わば「一発屋」のようなもの。一夜限りのお祭りに過ぎません。

末永く可愛がってもらえる居酒屋になるために必要なのは、どこにも負けない美味しさでリピートしてもらうこと。「楽しかったけれど美味しくなかったよね」では、お客様は二度と訪れてくれません。

「メディアに出る＝成功」ではないのです。

メディアで注目されなくても、味とサービスと価格にこだわる当店は、これまでずっと繁盛店として営業を行ってきました。

素材を最大限に活かす——その王道を貫き、営業を継続してきたからです。

「メディアで拡散すれば、お客様が来るに違いない」

「インパクト重視がうちの売り」

と言ってしまうようなお店は、裏を返せば「味に自信がない」と言っているのと同じです。能力が伴っていないのに、大風呂敷を広げて客寄せをしているだけですから、そんなことはお客様にもすぐに見破られてしまいます。

繁盛店になる秘訣は、「実のあるこだわり仕事を続ける」それに尽きるでしょう。

実はこの話を裏付ける、ある失敗例が当店にもあります。

あれは新橋で2店舗目のやきとん屋を始めたときのこと。人気のない、道路すら整備されていない悪条件の立地で開店し、集客に苦戦していた私は、「何か違うことをした方がいいのではないか」と、店のコンセプトとは異なる魚のお刺身を置いてみたり、レバーでしゃぶしゃぶをやってみたりと、新たな取り組みにチャレンジしたことがあります。

その時、常連さんには、こう言われてしまったのです。「せっかく今、インパクトがあって美味しいやきとんがあるのに、魚を置いたら何屋かわからなくなるし、個性がなくなってしまうよ」と。

実際、新メニューは不評で、お客様が注文するのはやきとんばかり。みなさん、うちの王道メニューだけを買ってくれていたのです。

最初から自信があるもの、「美味しい！」と思える料理にお客様もついて来てくれているのだということを知った私は、チャレンジすることや奇抜なことをするのは大事でも、王道メニューをどう売っていくかの方が重要だと気づきました。

当時は自分が肉を捌く技術が未熟であったこともあり、やきとんの魅力を伝える術を持ち合わせていなかったことも原因です。

事実、「朝締めした豚を自分で捌いて串に打っています」と言えるようになってからの方が、お客様も増えましたし、そのインパクトは不動のものに変わりました。

「美味しい！」と思ってもらえて、かつ記憶に残るエピソードが加わったことで、より深く記憶に刻まれるからでしょう。それこそが現在の成功に繋がっていると実感しています。

この経験から改めて思うのは、自分が得意ではないこと、価値のないところで勝負をしようとしないこと。自身の、そして自店の最強の持ち味は何かを見極め、そこを伸ばすことが集客に繋がるのです。

なぜ居酒屋をやりたいのか？「原点」に向きあう

突然ですが、あなたはどうして今の仕事をはじめましたか？

アパレルの方なら、「洋服が好きだから」という理由かもしれません。ホテルマンなら、接客が好きだから。板前なら、料理に携わりたいからといった理由があるかもしれません。他にも、「お給料が良いから」、「生涯働けるから」など、人の数だけさまざまな理由が存在するのだと思います。

いずれにせよ、その職業を選び、「やる」と決めた以上、そこには自身の目指すものやなりたい自分の姿があったはずです。

ですから、もしも仕事に情熱ややりがいを見出せなくなったときは「どうして今の仕事をはじめたの？」と自問し、「なぜ？」を突き詰めてみてください。

そうすれば、その仕事にどのくらいの情熱や熱量を持ち取り組んでいたかを思い出すことができるからです。私はこれを「原点回帰」とし、従業員にも定期的に実践するよう伝えています。

例えば、私は毎日、居酒屋で働いています。

そんな私にとって、居酒屋での仕事は昨日と同じ仕事です。けれど、いらっしゃるお客様にとっては初めての体験です。二度と来ないかもしれないこの瞬間を、どう楽しんでいただき、記憶に刻んでいただくか……。そう思うと、昨日と同じ仕事ととらえ、ルーティン作業のようにただ繰り返すようでは、お客様を楽しませることはできません。

だからこそ、初心に返り、情熱を持ち接客にあたる必要があるのです。

そんな風に考えるのは、私の前職が影響しているのかもしれません。20代の頃、音楽をやっていた私は、人前でパフォーマンスをすることが仕事でした。何百回と歌ってきた歌をお客様の前で披露するわけですが、私が飽き飽きとした気持ちでその歌を歌っても、お客様には何も響きません。私が情熱を持ち、心を込めて届けることによって、お客様は感動してくださいます。

心なく完璧に歌うより、たとえ歌は失敗しても気持ちが届いた方が、お客様は喜んでくださるのです。

きっとそれは居酒屋を含むすべてのビジネスにも言えることで、料理の良さ、美味しさは大前提として、そのお店の熱量やパワーにお客様は感動してくださいます。

何度も言いますが、お店は「生き物」「ライブ」です。お店にもお客様にも情熱を注ぐからこそ店は活気に溢れ、居心地の良い空間を生み出します。

ぜひあなたも、なぜ、その仕事に就いたのかを思い出してください。

それにより「今日はどうやって目の前のお客様を楽しませよう」、「どんなサプライズが喜ばれるかな」という気持ちが芽生えますし、それが自然と言動にも表れるのです。

お店にいるときの私はいつも情熱にあふれていますし、そんな私に引っ張られて従業員たちも情熱あふれる接客をしてくれています。

お店やビジネスに活気を取り戻すには、原点回帰が不可欠です。情熱を持ち続ける義務が私たちには課せられているのです。

第5章
たった1つの「特別」でお客様はやってくる

空いたお皿とグラスはすぐに下げる

突然ですが、ここでクイズです。

居酒屋でお客様のストレスになってしまう一番の原因は何でしょうか？

答えは、テーブルの上が片付いていなくてゴチャゴチャしていることです。

当店では、空いた食器やグラスはすぐに下げるよう徹底しています。

空いたグラスや食器がテーブルにたまるとお客様のストレスになるからです。時折、気を遣って端に寄せてくださる方もいますが、お客様にそのような手間を取らせる前にただちに下げるよう徹底しています。

また、ある程度お腹が満たされ、テーブルに食べ終わったお皿が置いてあると、その光景に満足してお酒だけ飲み続ける場合があります。

人間心理として、テーブルが空いてくると口さみしくなる傾向がありますから、新たな注文を受けるためにもテーブルの上は常にきれいに、下げ物はどんどん下げるようにしています。

それに、テーブルの上をきれいにしても追加オーダーはしないとなれば、お客様自身にとっても「そろそろ時間かな」、「次の店に行ってみようかな」といった次の行動に移るきっかけにもなります。

正直に言うと、店側としては、たくさん飲んで、たくさん食べていただくのが一番です。とはいえ、限度はありますから、お腹が満たされたからとダラダラ居座り、チビチビ飲み続けられてしまうなら、お腹を空かせ、当店のやきとんを食べたいという方に一人でも多くご利用いただきたいのが本音です。

そういった点も鑑みて、回転率と売上げを上げるには、すぐに空いたお皿とグラスを下げること、この一点に尽きると私は考えます。

ですから、従業員は絶えずテーブルの上に目を配り、「ゴミや空いたお皿、グラスはすぐに下げる」、「追加注文を受けながらテーブルの上をきれいな状態に保つ」という技を、自然と身につけるようになりました。

お客様の行動の2手、3手先を読みながら動く。これは居酒屋の従業員だけでなくどの職業においても大切な能力でしょう。

あとは細かいことですが、メニューもテーブルの上に置きっぱなしにしないこと。ドリンクやお皿の下敷きになり、追加注文の妨げになったり、汚れの原因になったりしますから、メニューは定位置のメニュー置きに戻すことも忘れずに行っています。たばこの吸い殻にしても、3本以上は吸い殻が溜まらないよう、絶えず目を配り交換を行っています。

また、暇な時間帯になると、従業員はロボット掃除機のルンバのように、たまに歩いては定位置に戻り充電中……といった行動を起こしがちです。そんな時は、「とにかく店内を歩きまわれ！」と伝え、お客様の様子や店の細かいところを観察して、何かしら1つは仕事を見つけるよう指示を出します。

暇な時間帯は、汚れを見つけたり、ごみを拾ったり、注文したそうにしているお客様を見つけたり、追加オーダーを勧めてみたり、張り紙の曲がりを直してみたり……。余裕がある分、お客様とコミュニケーションを取る絶好の機会でもあります。

仕事ですから、言われたことをやるのは当たり前。評価されるべきは、一歩先の物事に気づき、自ら率先して動くことです。

その努力は、アルバイトでも正社員でも関係なく必要だと思っています。仕事を面倒くさい作業と思うか、気づける自分に喜びを感じられるかは、その後の人生においても大きな分かれ道となります。

アルバイトのメンバーがお店を卒業して一般の会社に就職するときにも役立つはずです。なので、従業員には口うるさい店主だと思われても真摯に向き合い教育しています。

お客様お見送りで心を掴むコツ

「居酒屋は、お出迎えに始まり、お見送りで終わる」

特に、私たちがお出迎え以上に気を遣うのが、お見送りです。

お見送りの時に感動を与えられること、それがリピーターになってもらうための第一条件ですから、最高のお見送りの瞬間を迎えるためにも、滞在中の接客には細心の注意を払います。

来店されたお客様とは一言、二言でもいいから言葉を交わします。天気の話でもスポーツの話でも、話題は何でも良いので話しかけます。まずはお客様にも顔を覚えてもらえなければ、お見送りの感動は成立しないからです。

そしてお帰りの際は、どんなに忙しい場面でも、必ずお客様の目を見てしっかりと感謝の気持ちを伝えます。そのときは誠心誠意、頭を下げながら「ありがとうございました！　またご利用ください」とお伝えします。

お出迎えの時は、多少なりとも緊張されているお客様も、お帰りの際に見せる表情が朗らかであれば、接客が成功した証です。

たくさん食べて、飲んでいただき、サービスに満足していただけたうえ、会計では驚きを与えられ、さらにはお見送りで従業員全員から感謝される……。そして、出口でさようならではなく、外まできちんと出て、お客様の姿が見えなくなるまでお見送りを続ける。

このお見送りに多くの方が感動してくださり、家までの帰り道で「また誰かを連れて行きたいな」と必ず思い返すとおっしゃってくださったお客様が大勢います。

また、店内での楽しい時間を演出するために、当店では有線放送で１９７０年代以降の懐メロを流すようにしています。これは主人の意向でもあるのですが、40〜50代のお客様のご利用が多いため、大変ご好評をいただいている取り組みの1つです。サービス業たるもの、お客様の五感をトータルで満足させることが大切です。飲食店で言えば、目で見て味わう視覚、味覚をはじめ、匂いの嗅覚、食材の触覚も重要な要素ですし、聴覚だって記憶を深く刻む上では欠かせません。

特に、音楽はお客様の満足度には大きく影響しますので、店内のBGMにはこだわっています。音楽は思い出とセットで覚えているので、その曲を聴くと思い出す懐かしのエピソードや、自分の歴史を振り返り語らったりするのにうってつけのアイテムです。

例えば、ラッツ&スターの「ランナウェイ」やハウンド・ドッグの「ｆｆ（フォルティシモ）」などが流れると、お客様同士が若い頃にタイムスリップして、盛り上がっています。

お客様の中には、店内で懐かしい曲が流れると、「この曲はね……」と遠い目で昔のエピソードをお話しくださる方もいます。BGMは店舗の雰囲気作りやコミュニケーションの一環としても重要な役割を担っているでしょう。お客様とのコミュニケーションをもっとうまく取りたいと考えている店舗の方やオフィスで働くビジネスパーソンの方も、BGMの活用はおすすめです。自分の好きな曲が流れている場所には、いい印象を持ってもらえると思います。

流行る店の味、サービス、値段の作り方

その街で特別なお店になるためには、出店する地域の情報を集めることが大切です。自店の周りではどういったお店が流行り、どのような客層がいるのか。まずは観察するところからはじめましょう。

例えば、本店のある麻布十番と、同じ港区にある姉妹店の新橋とでは客層が大きく異なります。

麻布十番では、値段よりもまず美味しいかが重要。「美味しければいくらでもお金を出す」というお客様が多いエリアですから、美味しくないと感じれば、値段が安く

てもリピーターになってくださることはありません。

一方、新橋では味よりも値段重視！　入店する前に「ビールの値段いくらですか？」と尋ね、ビールの値段でそのお店の価格帯を探り入店されるお客様もいます。そのため、新橋界隈では、グラスを小さくしてビールの値段を抑えるといったお店も多くあります。

他にも、六本木であれば、トレンドに敏感な方や映像制作会社の方も多いので、ゆったりオシャレに過ごそうとなさる方をよく見受けますし、価格帯も５０００円なら安いと感じる客層が目立ちます。

これが浅草方面になると、下町風情で観光客も地元の方も楽しめる飲み屋が多く、当店であれば1串１５０円はする商品を1串70～80円という安価で提供しているお店が並んでいます。美味しいうえに、価格帯も１０００～２０００円とリーズナブルですから、連日大勢の人が楽しんでいるでしょう。

また、タワーマンションの多い豊洲方面では、家族連れ向きの店の方が賑わっている印象があります。小さいお子さんも多いですから、当店のような煙が出るお店は豊洲に出しても流行りません。

このように、出店する街によって特徴を探り、その地域の客層に合う、けれど他の店にはない差異化を図ることでお店は繁盛すると私は考えます。

ちなみに当店は、本店の麻布十番店では「美味しければお金を出す客層」に対し、「麻布十番だけど美味しくて安い大衆的なお店」をテーマに繁盛中。新橋にしても、「安ければいいだろう」というお店の中で、「やきとん屋にしては高いけれど美味しい」をテーマに出店し、こちらも盛況をいただいています。

どちらも逆の発想による手法で成功したわけですが、ポイントとなるのはやはりコストパフォーマンスだと思っています。

料亭とは違い、居酒屋はお酒をメインに楽しむ場所。となれば、お酒の値段が重要です。ビールやハイボールはみなさんよく注文される商品ですから、値段を下げて設定していますし、数百円をプラスすることで大ジョッキにできるといったサービスも好評です。

また、いくらコスパが良くても味が悪ければリピーターは付きませんから、味へのこだわりは妥協しません！　味は店の心臓部分とも言える肝!!　量と値段も考慮して、こだわることが大切です。

ちなみに当店のこだわりはうまみ（出汁）で、お浸し1つにしても、研究に研究を重ねた抜群の出汁で提供するよう日々鍛錬しています。

最後に、値段の設定では、客単価をいくらにするかということを前提に、2時間の滞在でドリンク5杯、料理5品を目安に計算しています。価格設定の詳細については第2章でもお話ししていますので、ぜひそちらも参考にしてみてください。

お客様から頂いた金額の、何倍もの満足度を与えられるかがポイントだと思っています。エリアに合った味やサービス、そしてお客様に「お店に来て得した」と思ってもらえるように日々改善を重ねています。

最強コンセプトは「今ここでしか食べられない」

東京都内の飲食店の数は8万軒、新橋だけでも5000軒あると言われる中、お客様に選んでいただけるお店にするためには、お客様の嗜好を満たす以外、方法はありません。

他店に負けないメニューとサービス（魅力）がいくつあるか、その数がどこにも負けないお店になれるよう私たちは日々、働きながら改善に励んでいます。

これまでも何度かお伝えしていますが、うちは朝締めの新鮮なお肉の提供にこだわっています。

他店でも、「朝締め」を看板に掲げている店舗はありますが、仲介業者が入っていれば、最短でも1日、長ければ3日ほど経った豚肉を扱っている場合がほとんどです。

当店のように、直接市場に行き、朝まで生きていた豚を持ち帰り、自分たちで下処理し、串に打って提供しているお店は知っている限りほとんどありません。

「正真正銘の朝締めの肉」を提供している。それこそが当店の最大の売りであり、お客様にとっての唯一無二になっている点です。

魚や野菜であれば、季節によって旬がありますが、肉の場合は季節や旬といったものがありません。裏を返せば、クオリティを絶対に落とせないということですから、年中、同じメニューを提供する上で、いかに一定の味を保てるかが重要です。

しかも、捌く人、焼く人、調理する人によって味が変わってしまうことは避けなければなりません。そのため、作業としては年中同じではありますが、お客様に「いつ来ても美味しいね」と言ってもらえるクオリティを維持する努力は欠かせません。

もちろん、野菜や魚をメインに取り扱っているお店であれば、いかに旬のものを提供し、喜んでいただけるかといったことがテーマになるかと思います。

例えば、カウンターのところにおすすめの新鮮野菜を並べ、お客様の好みに合わせて調理するといったサービスの展開も面白いですし、魚屋であれば、ザルに魚を載せて新鮮さをビジュアルと言葉と文字にして伝えるといったサービスを展開しているお店を以前、見たことがあります。

他にも、お酒であれば、開拓次第でいろいろな品種を取り寄せることが可能です。最近は、朝絞りの日本酒が流行っており、夜中に絞ったできたてのお酒を日が昇らないうちに販売している酒蔵もあります。

ちなみに当店では、被災地にある蔵元の応援もかねたイベントで、リーズナブルにお酒をご提供するといった取り組みを行っています。期間中は、こちらからもおすすめしますし、お客様も一緒になって応援してくださる光景を見るととても嬉しくなります。

強みとは、その店の誇るべき点です。惜しみなくアピールすることはもちろん、そこにストーリー性が加わることによって、一層、お客様の関心も引き寄せることができるでしょう。

そして、「いまこの場所でしか受けられない」サービスを提供することが、競合他社との大きな差別化になるはずです。ぜひ、その強みを見つけてしっかりアピールしてくださいね。

他店の良いところはどんどん実践！

どの店舗もしのぎを削り、あの手この手で魅力をアピールしたり、集客をしたりしているわけですが、これだけ居酒屋の数があればオリジナリティを出すのは至難の業。たとえグッドアイデアを思いついたとしても、先を越されていたというのはよくある話です。

みんな考えていることはだいたい同じ。ですから、飲食店でのパクリは当たり前とも言えます。事実私も、飲食業に限らず良いと思ったことはどんどん取り入れています。

とはいえ、そのまま流用してはプロとして恥ですから、必ず自分なりのアレンジを加えることを私はしています。

例えば、当店の肉巻きピーマンは、某焼き鳥店にて提供され感動を覚えたのをきっかけに、改良を重ねて当店でもお出しするようになりました。その改良も、1度や2度ではありません。ある程度のレベルに達してからお店ではお出ししましたが、その後も何度か試行錯誤を繰り返し、最強の肉巻きとなって現在のスタイルでご提供しています。

つまり、パクリはパクリでも、進化を加えれば当店のオリジナルメニューとなるのです。ですから、他店で良いと思ったものは、どんどん取り入れてアレンジを利かせ進化させる。それは決して悪いことではありません。

これはサービス面でも同じ。メニューに取り入れる際は、プロとしてアレンジを利かせるべきですが、サービス面に関しては、そのまんまのパクリで取り入れた方が良いことばかりです。

私の経験上、サービス面の向上のために、一番、取り入れて良かったと思うのが朝礼です。

以前、ゲストミュージシャンとしてとあるイタリアンレストランに呼んでいただいたのですが、運良く朝礼に参加する機会をいただき、そこでたくさんの気づきを得ました。

中でも「これはすぐに実践しよう！」と思ったのが、従業員全員に役割を持たせることです。

「ホール責任者はあなた」「下げ物の責任者はあなた」「トイレチェックはあなた」など、細かいところまでその日の責任者を決め、従業員のモチベーションを高めていたのです。

「誰かがやってくれる」ではなく「自分がやる」という意識を持つだけで、全員がきびきびと目的意識を持ち、きめ細やかに働く姿を見て、とても驚いたことを覚えています。

また、朝礼では挨拶の発声練習もあり、「おはようございます」「ありがとうございました」とお腹の底から声を出していました。

正直、最初はどこか気恥ずかしい思いもありましたが、試しにお店でもやってみたところ、これが効果てき面！　活気ある店作りにつながったのです。

他にも参考にしているのは、メニューの作り方、店内の配置、予約の電話応対の仕方など。客として滞在しながらも、ちょっと目を光らせ耳を傾ければ、さまざまな気づきが得られます。

いつなんどきでも「いい店にしたい」とアンテナを張り巡らせていると、ふいに情報が入ってくるもの。自分の足りないところに気づくには、他者のいいところに目を向けること、それが最短の成長の道だと私は思います。

ですから、これからも他店の良いところは堂々とパクり（笑）、アレンジを利かせながら、さらに最強のお店にしていけたらいいなと思っています。すべてはお客様のためになることですから、変なプライドを持つ必要はないと感じています。

なぜ「ユカちゃん」は朝締め豚を仕入れられるのか？

初めて当店のやきとんを召し上がってくださったお客様から、「やきとんってこんなに美味しかったの？」と驚かれることがたびたびあります。

確かにやきとんを扱っているお店はまだ少ないですし、その扱いにくさや下処理の大変さから敬遠するお店もあります。稀に扱っている店舗でも、冷凍したものを下処理もせずそのまま提供していることがあるため、お客様に「やきとん＝不味い」というマイナスイメージが植え付けられている場合もあるからです。

仕入れ値の安さや目新しさという側面から見ると、市場的には拡大の可能性があると言われていますが、一般的にもやきとんが美味しいと思っているのは、当店に訪れてくださったお客様くらいではないでしょうか。

さて、当店の豚肉はどこで仕入れているのか？　というお話になりますが、そもそも精肉の市場は、一般の方の立ち入りができず、免許がないと入れません。

やきとんをはじめるにあたり、主人も私もとにかく美味しいもつ焼きを提供したい、何とかやきとん業界を変えていきたいという大きな信念を持ち取り組んでいましたから、方々に掛け合ったり、お肉が美味しいと思ったお店に何回も訪問したりして、どうにか業者を紹介してもらえないかとたくさんの方にお願いしました。

そして、遂に「ここしかない！」と夫婦で合致した精肉店さんを紹介してもらい、卸してもらえることになりました。けれど、そこから信頼関係を育むまで3年近くかかりました。

第2章でもお伝えしたように、私たちは毎日市場に出向き、精肉店さんとコミュニケーションを図り、信頼を重ねていきました。

こちらも、最初から最上級の品物を売ってもらえるとは思っていません。私たちよりも付き合いが長く、関係も深いお店も多いですから、そう簡単に相手にしてもらえるとは考えていませんでした。

それでも、お肉を卸していただけることに感謝し、来る日も来る日も直接、感謝の言葉を伝え続けました。

その甲斐もあり、だんだんと良いお肉を回してもらえるようになり、お客様にもより自信を持って提供できるようになりました。

とはいえ、「美味しい」という味覚や感情は人それぞれです。

いくら店側が食材や調理法にこだわり、自信満々に提供したところで、多くのお客様の反応は「美味しい！」という一言が一般的です。

無論、「美味しい！」というその言葉が聞きたくて私たちも一生懸命ご提供させていただいているわけですが、その方にとって記憶に残るほどの「美味しい！」に変えなければ、忘れ去られてしまいます。

そんなときに有効なのが、美味しさの根拠をできるだけ端的にお伝えするキラーフレーズを用意することです。

当店であれば、「朝まで生きていた新鮮な豚肉を私自身で捌き串に打って提供しています」と伝えるだけで、お客様は心から「美味しいね」「絶品だよ！」とお声がけくださいますし、記憶にも強く刻まれます。

単に美味しいと思うものを提供するのではなく、その根拠をお伝えする……。この手法で私は、1000人以上のお客様を口説き落としてきたのです。

これは飲食店に限らず、あらゆる分野に応用できます。その商品やサービスの良いところを短くお伝えできるキラーフレーズを持つことは大きな強みになると思いますよ。効果絶大ですので、ぜひ試してみてください。

感謝と謝罪は3度伝えよう

お礼とお詫びは3度伝える。

これは私の中で、常々心掛け、決めていることです。

なぜなら、1回伝えるだけでは、相手に伝わらないから。

1回目は、言って当たり前。2回目に伝えて、初めて相手に伝わり、納得してもらえます。そこに追い打ちをかけて、忘れてしまっているかもしれないときに、もう1度お伝えします。

中国の歴史書の「三国志」によれば、蜀を建国した劉備玄徳は、天才軍師の諸葛亮孔明を口説くのに、3度お願いして、やっとOKをもらったそうです。

1度目では伝わらず、2度目でやっと伝わり、3度目で信頼が増す。人間関係において、とても大切なことです。

相手も3度目となれば、「そんなに考えてくれてたの？」「もう気にしなくて大丈夫だよ」なんて返してくれたりもしますが、3回お礼や謝罪をすると、その人との距離がグッと縮まる感覚があります。

そうした実体験もあり、このことは従業員にもいつも伝え、感謝と謝罪は3度伝えるよう教育しています。

特にクレームの際は、誠心誠意しっかり謝罪しないとトラブルにつながりかねないので、その点も強調しお伝えしています。

感謝と謝罪を伝えるのに、特別な技術はいりません。要は、心の持ちようです。

普通では気づかない、できないことをしっかり継続して行っていける人だけがその道で成功するものだと私は思うので、従業員には、どうか自分も、周りも幸せにできる人に成長してほしいと願い、このことは何度でも伝え続けていきたいです。

ぜひ、読者のみなさんも大切な家族や友人、同僚に「ありがとう」や「ごめんなさい」を3度伝えてみてください。

1度では反応が薄いかもしれませんが、2度目、3度目で相手の反応が変わってくることを実感できると思います。

「大切な言葉は3度伝える」

シンプルですが、とても大切なことだと思っています。私は、これからも実践していきたいです。

第6章
もしも店長が勝手に店を閉めたら？

社員にいかに危機意識を持たせるか？

危機感を持たせるには、社員が失敗をした時が効果的です。例えばお客様から「あの人の焼いた串は美味しくない」と言われた、掃除に手抜きが目立ち店内が不潔になってきた、在庫管理が雑で原価が掛かりすぎている、アルバイトがさぼっていても注意もしないなどの発覚直後です。

社員は全員、将来自分の店を持ちたいと思っています。そこで、「そのような考えでは困難な飲食業界で勝ち抜いていけない」という危機感を持たせるようにしています。

「あなたの今の自分では勝負できない」ということを植え付けるため、「一人前になる為の心構え」を月1度のミーティングで伝えています。

しかし、いかなる手を尽くしても経営者と従業員が100％わかり合えることはありません。

従業員は「できる限り楽をして収入を得たい」と思っているのに対し、経営者は「常にベストを尽くして最大限の利益を得たい」と考えているのですから、その思いに違いがあるのは当然です。

私もこれまで何度も従業員と話し合いを重ねてきましたが、一瞬、わかり合えたような気はしても、結局はわかり合えないのが現実です。

ただ、そんなことを幾度も繰り返しているうちに大切なことに気がつきました。従業員に自分のやり方を無理やり押し付けないことです。そして、「従業員がどうしたらより良い人生を形成していけるか」、そこに経営側が注力することで、従業員との関係性、ひいてはお店の空気を良くすることにつながるとわかったのです。

できないことをただ叱るのではなく、なぜそうしなければならないのか……。失敗したときは、何が要因でそうなってしまったのか……。それを理解して、はじめて反省できるわけで、反省があって初めて改善があり、実践につながるのです。

そうやって気づきを得て自ら改心し、できなかったことができたときに得られる喜びは、とても価値のある経験です。その一連の流れを丁寧に推し進めながらやっていくことが、本人にとっても、そしてお店にとっても大事なのです。

１００％完璧にできる従業員はいません。

もし、経営者と同じ目線で物事が考えられる従業員がいたとしたら、その従業員はいずれ退職し起業します。

だから相手に理解を求めるのではなく、従業員の幸せを願い、成長をバックアップすることに尽力することこそが経営者の務めであり、良い関係を築く方法だという考えに行き着きました。

また、教育という側面では、従業員1人ひとりが「可愛い我が子」という気持ちで接していますが、そこに利害関係がある以上、下手な思い入れは禁物です。

実は私がこの考えに至ったのには、過去に信頼を寄せていた従業員と衝突が起こったことが関係しています。

以前、私には、我が子のように可愛がっている店長がいました。有楽町店の立ち上げから一緒に働き、「この子にならお店を任せられる」と信頼を寄せた私は、新橋店をその子にほぼ完全に任せて、新たに開店する有楽町店につきっきりで働くことになりました。

しかし、半年くらい経った頃から、新橋店の常連だったお客様が、新店舗に来ては

「新橋店の味がまずくなった」「新橋店の接客が悪くなった」とたびたび報告してくださるようになったのです。

それを聞いた私は、すぐにお店に向かいました。

そうしたら、まだ20時なのにお店の電気は消され、中では店長とアルバイトが楽しそうにタバコを吸いながら片付けをしていたのです。

その光景を目にした私は「裏切られた！」という驚きと怒りで、ショックのあまりボロボロと涙を流してしまいました。今思えば、私も経営者として思い入れが強すぎたのだと思います。その足でお店の暖簾をくぐり、感情のまま悲しい思いを打ち明けていました。

「一緒にやってきたのに。一生懸命頑張ってくれていたのに。お店を任せたいくらい信用していたのに……」その時の私の頭の中は「裏切られた！」という被害妄想でいっぱいだったのです。

片や店長は、「自分がこのお店を成り立たせている」という大きな勘違いをしていたのだと思います。「自分がお店を回せば繁盛する」そんな過信から、仕込みも掃除も接客もサボるようになり、仕事中にもお酒まで飲むようになってしまったのです。

その時は冷静になれませんでしたが、後になって考えれば、店長がそうなってしまったのは、経営者である私の責任です。「わかり合えている」そう一方的に期待していたことが仇となったのです。

この出来事を通して、私は経営者と従業員はわかり合えないことを学ぶと同時に、経営者である以上、目を光らせ現場に立つことが大切だと学習しました。

お陰で今は、従業員の幸せを願い、より良い人生を歩んでほしいという想いで言葉を発せられるようになりましたし、現場では全体に目を配り、見守れるようになりました。

それに、たとえわかり合えなくても、愛情を注ぐことはできます。ただし、そこに見返りは求めないこと。それでも、うちで働くからには成長してもらいたいですし、そのための教育は、妥協せずきちんとさせてもらいます。

私はこれからも、きっと何度傷ついても、たとえショックを受ける出来事が起きたとしても、一緒に働いてくれる従業員へ愛情を注ぎ続けるでしょう。従業員を愛情を持って教育することは、飲食店に限らず、全てのビジネスで大切なことだと思っています。従業員も安心して働くことができますし、経営者にとっても成長する姿を見ることは嬉しいのです。

「常連獲得」はチームワークが9割

「ユカちゃんのお店は本当に居心地がいいよね〜」

常連客の方からこう言っていただけると、心底お店をやって良かったと感じます。

同時に、「もっと良い接客をしよう！」という思いが込み上げてくるのです。

この褒め言葉は、私だけにかけられている言葉ではありません。

お店に関わる全てに対してお客様が感じてくださったことであり、その中のどれか1つでも欠けてしまえば、そのお客様の気持ちは離れてしまうものです。

お店とは、チームプレーそのもの。

誰か1人が活躍しても、それは一瞬の爽快感だけで、必ずどこかに隙ができます。

みんなが同じ目標（お客様の幸せや喜び）に向かい、心を1つにもてなすこと。そして、仲間同士が思いやりを持ちそれを遂行することで、お客様にとって気持ちの良い接客となるからです。

　前章でも、「味」と「サービス」と「価格」、この3つが繁盛店の重要な要素だと言いましたが、常連さんになっていただけているのは、従業員との気持ちの良いコミュニケーションが成り立っているからです。

　もっと言えば、味とサービスと価格はまずまずでも、従業員の人間性が良く、一生懸命働く姿に常連さんが付くというお店もかなり多いのではないかと思います。

　つまり、顧客満足度とは、従業員全員のマンパワーであり、その人間力により、常連客のハートをつかむのです。

　居酒屋とは、時に疲れ、寂しさを抱えるお客様の心を癒す砂漠の中のオアシスのような場所。落ち込む気持ちを切り替えようと訪れる方も少なくありません。

　人は人によって傷つき、人によって癒されるもの。そう考えると、その癒しの場は居酒屋が適切だと私は考えています。

　ですから、当店ではマンパワーを最大限に生かすべく、スタッフには当店の神髄をしっかり理解してもらい、良いチームプレーで仕事ができるよう日々努めています。

例えば、従業員に口を酸っぱくして伝えているのは、お出迎えは笑顔ですること。接客ではお客様に「すみません」と言われる前に気づき、オーダーを取ったり、下げ物をしたりすること。何より、お見送りをしっかりするよう教育しています。

また、お客様が注文を頼んでくださったり、「美味しい」などと発してくださったりした際は、みんなで感謝の気持ちを伝えられるよう、「おかわりビールいただきました!」「『美味しい』いただきました!」と大きな声で報告し、全員で「ありがとうございます」と復唱しています。同様に、お見送りも全員でお客様に振り向き、一体となってお礼を伝えます。

接客以外でもチームワークを高める工夫をしています。朝礼では前日休みだったメンバーのために、事細かに申し送りをします。良かったことはもちろん、至らなかった点も隠さず共有します。そして、「今日はそういうことがないようみんなで支え合って接客しましょう」と声をかけ気持ちを1つにするのです。

業務後は日報を書いてもらい、今日来てくださったお客様の名前を記載したり、交わした会話や良かったこと、反省点などを綴り、これもまた全員に共有します。

他にも、当店では従業員全員のグループLINEがあり、2~3日に1回は発信するようにしています。メンバーの一員であるという意識を強めてもらうためにも小まめに連絡を入れているのです。

このように、良いチームプレーができる声かけや行動を、絶えず意識して発信するよう心掛けています。そうすると、自然と一体感は高まり、誰かが褒められたときも、注意点があったときも、全員に共有して〝自分事〟としてとらえられるようになるのです。そうした姿勢こそが、お客様にも居心地の良い環境を提供する礎となっているのでしょう。サービスする側のチームワークはお客様には伝わってしまうものです。特に、リピーターを獲得するためには、チームの雰囲気はマストの条件です。

従業員の不満を放置するとトラブルが起こる

評価とは、自分ではなく他人がするもの。従業員自身がいくら「自分は頑張っている」と言っても、仕事において利益につながらない頑張りは、経営者としては評価できません。

不思議なもので、そうした不満を口にする人に限って仕事ができないというケースが非常に多いのです。

これは主人の受け売りの言葉ですが、とても共感できる言葉なのでここで紹介したいと思います。


不満ばかり言う者には、反省がない。

反省なき者に、進歩はない。

進歩がない者に、未来はない。


つまり、反省することが成長することにつながるという意味です。

特に最近は、SNSなどの普及もあり、直接、対面でコミュニケーションができない人が多いと感じます。急な欠勤も、辞めるときでさえもLINEメッセージで送ってくる子もいました。そのLINEを見て、こちらから連絡を取ろうとしても、既にブロックされてしまい何も言えないということもありました。

こういう時代だからLINEで済まされても仕方ない。そう思う気持ちもないわけではありませんが、だからと言ってあきらめることはできませんし、私自身、とても寂しいことだと感じます。

自分本位な人は、自分の居場所を作れません。

そもそも居場所とは、人とのつながりの中に存在するものです。だからこそ、伝え合うことが大事。相手に敬意を持ち、大切に思っていることを伝えられれば、相手もその人を理解したいな、知りたいな、大切にしたいなと思うものだからです。

私が従業員によく言うのは、一人ひとり、個人を見ているということ。頑張って成果を出している子には高い評価をしたいですし、常にこの子たちの人生を良くしてあげたいという思いはいつ何どきも変わりません。

私が目指すのは、自分が儲かるだけの会社ではなく、みんなが幸せになれるお店です。

思い返してみると、過去、不満を抱えている従業員には、ある共通点がありました。

それは、不満を抱えると、手抜きをするようになること。次第に受け答えが減り、返事一つしなくなる場合もあります。ですから、手抜きが増えたなと感じたら、不満を抱えているサインと受け取り、個別に話をするようにしています。

「手を抜くのはやめて」と伝えるのではなく、「このように接客してほしい」とお願いします。加えて、なぜそう接客してほしいのか、そうすることで、お客様にどのような感動をもたらすのか、そしてそれが、どう利益につながるのかをきちんと話します。

また、時給や評価に関して不満があるようなら、これができるようになれば、時給もこれぐらい上がるということを明確に伝えます。

それで納得し、良くなる子もいれば、うちの方針とは合わないと辞めていく子もいますが、それ以前に、そういった不満が出ないよう、経営者として現場で常にみんなのことを見ている、みんなが良くなればいいと願っていることは必ず伝えるようにしています。

そこで向き合わずに野放しにしていると、チームワークを乱す、まるでガン細胞のような子が現れはじめ、経営者や他の従業員をバカにするといった輪が出来上がることもあるので注意が必要でしょう。

経験上、不満をそのまま放置すると、後々大きなトラブルにつながることが多いです。油断大敵ならぬ、不満大敵と言えるでしょう。

グラスの氷が「カラン」と鳴るのを聞き逃すな

当店では、「お客様に『すみません』と呼ばれるのは恥ずかしいこと」と教育しています。お客様が呼ばなくても状況を察し、こちら側から声をかけるよう努めているからです。

そのサインの1つに、グラスの中身が減ったときに鳴る「カラン」という氷同士がぶつかる音があります。

お客様の些細な変化も逃すまいと接客していると、この「カラン」と鳴る音にも敏感に反応できるようになります。教育の賜物か、当店ではBGMが流れている状態でも、どこからともなく「カラン」と鳴り響いた瞬間に従業員全員が振り返り、近くのスタッフが次の注文を取りにうかがいます。

居酒屋で利益をあげるためには、お酒を売ってナンボ。お酒がすすむ美味しい料理と味付け、空間づくりとサービスに注力しているのは、たくさんお酒を楽しんでもらうためです。ですから、当店ではソフトドリンクをお酒よりも高い値段で提供させてもらっています。

お客様も、呼ばなくてもオーダーを尋ねられることに嫌な顔をする人はいません。むしろ、こちらから「おかわりお持ちしますか?」と声をかければ、まだ飲みかけが残っていても「もう1杯」とオーダーし、新しいグラスが届くまでに今あるグラスを空にしようとする方がほとんどです。

また、オーダーをうかがう際、事前にお客様の飲み物を把握しておくことで、さらなる感動をお客様に与えることができます。

逆に、追加オーダーをうかがい、「もうご馳走様!」などストップされた場合は、グラスや空いているお皿を片付けて、さりげなくお帰りの準備を促すようにしています。これは、お店の回転数を上げるという意味でも重要なことです。

時に満席になり、それでもお店を回せている日はいいですが、2本ずつある手足を駆使しても接客が追い付かない……なんて日も稀にあります。そうすると、普段、あれだけ禁止している「すみません」の声が店内に響き渡ることがあります。

普段恥と思えと教育しているこの「すみません」を、お客様に発させてしまった時に絶対にしてはならないのが、「少々お待ちください」という返答です。

散々、待たせている中で、まだお待たせすると伝えているようなその一言は禁句です。ですから、「少々お待ちください」ではなく、「すぐにおうかがいします」「ただいま」と返答するよう心掛け、教育しています。

もちろん、言葉だけではなく、お声がけしてくださったお客様の方をしっかりと向いて、「ただいま」「今行きます」とお伝えすることが大切です。

お客様の方も、見ればどれだけ忙しいかはわかってくださるため、従業員が目を見てそう伝えれば、もう少し待とうと思ってくださるようです。

これら返答の仕方は一例であり、まだまだ言葉のストックはありますが、どういう風に説明するかでお客様の気持ちも変わってきますから、ストックはできるだけ多く用意しておくといいでしょう。

また、神業として、お待たせ渋滞に巻き込んでしまったお客様には一品サービスをしたり、大ジョッキに変更したりと、お客様の気持ちを抑え、店側に時間の猶予を持たせるといったことをする場合もあります。

とはいえ、基本、混雑している日は、あらかじめ途中でお席を譲っていただく可能性があること、お待たせしてしまうかもしれないことを事前にお伝えし、それでも良いと言っていただけたお客様のみにご入店していただくようにしています。

氷の音や言葉遣いは、一見ささいなことのように感じますが、そこに気づけるかどうかが大きくお店の明暗を分けるのです。気づかなければ対処しようがありません。すべての改善は気づきから始まります。これは飲食店以外のすべての業種でも同じように大切なことだと思います。

店員同士の仲が良いことのメリット・デメリット

店員同士、仲が良いことは私も嬉しいですし、コミュニケーションが円滑になれば、お店の雰囲気も明るくなるため、結果的にはお客様の笑顔にもつながると考えます。

ただし、それは仕事仲間としての範疇での話であって、度が過ぎれば仲が良いこともマイナス要因となりかねません。

学校の休み時間のようにおしゃべりに夢中になり、接客がおろそかになるようでは本末転倒です。それでお給料がもらえると勘違いしてしまうと、再びモチベーションを上げるのは経営者側としても難しいです。

特に、経営者がその輪の中に入らず蚊帳の外になると、その中で誤った考えを持つ求心力のある従業員が、あらぬ方向へと引っ張ってしまうこともあります。

ですから、経営者も率先して従業員の輪の中に入り、司令塔として従業員を正しい道に引っ張るという関係を築いておいた方が、チームワークが保たれやすいと思い私は実践しています。

この章でもお伝えした店長の話がいい例で、お店をいい加減な従業員に任せて放置してしまうと、みんながみんな楽な方へと流され、楽な仕事をするようになってしまいます。

その経験もあって、私は自分が従業員の輪の真ん中に存在しようと決め、グループLINEで発信したり、飲み会があれば声をかけたりと、良いチームを作ることに尽力しています。

朝礼でも、その日の売上げ目標を立てて「今日も1日みんなで頑張ろう！」と声をかけあったりするのですが、全員が同じ気持ちで集中して接客していると、自然と笑顔になり、良い連係が取れたり、面白いほど仕事がスムーズに運んだりと、良い連鎖が店内に充満します。一方、誰か一人でも違う方向を見ていたり、仕事をサボっていたりすると、お店の空気は一変するのです。

あの臨場感を絶えず味わえるよう、これからも自分が中心となり、働きかけていけたらと思います。

大学の仲良しサークルだったら友達感覚で良いのですが、やはり仕事ですので適度な緊張感を持つことが大切です。理想は、体育会系の部活の強豪校の雰囲気と言えるかもしれません。友達でありライバルでもあり、大会で結果を出すために努力するという適度な緊張感を持ちたいものですね。

採用は「優秀さより誠実さ」が繁盛のコツ

採用面接をすると、多くの方が「いずれ自分の店を持ちたい」という夢を語ります。けれど、実際に夢を目標に置き換えて、日々、課題を持ち取り組める人は少なく、飽きては次の飲食店へ転々とする様子が、履歴書の経歴からもうかがえます。

「自分の店を持ちたい」という夢があるのは本当だと思いますし、実際、働いてもらうと経験豊富なため即戦力にもなる方がほとんどです。しかし、その方が長続きするかと言うと、そうではありません。「自分の目指すことは、ここでは学べない」「次はイタリアンで経験を積みたい」など、何らかの理由をつけて次の店に行かれます。

また、経験が豊富なことがデメリットになるケースもあります。これまでのやり方に固執したり、プライドが高かったり、その手のタイプはなまじ年齢も重ねているため、素直さに欠けたり応用が利かなかったりと、扱いづらい従業員になることもありました。

そうした経緯から、当店の採用において、経験や優秀さは重視しないことに決めました。それよりも大切なのは、人間性と協調性だという結論に行き着きました。

こちらの話を聞く姿勢や受け答えはきちんとできているか、表情はどうか、お客様に可愛がってもらえる人間性があるか、仲間と協力し合い、重労働でも一生懸命できるのか――その人の内面から出る素直さや誠実さを面接では見ています。

仕事は覚える気持ちと努力があれば、必ずできるようになります。たとえ時間がかかっても、私のもとで働いてくれれば、優秀な人材に育てる自信があるからです。

そのため、当店が採用するのは未経験者の素人が多く、何もわからない状態で仕事が始まります。けれど、性格がいいのでスタッフからも可愛がられますし、時として叱咤激励するような場面があっても、一生懸命ついてきてくれるので、気が付けば「その子がいないと店が成り立たない」というほどの成長をたった数年で見せてくれた子もいます。

他にも、性格は良いけれど、声を出すのが苦手で、飲食店には不向きなタイプだった子が、「そんなんじゃキッチン専属になるしかないよ」と伝えたところ心機一転。大きな声で接客ができるようになったのはもちろん、声の大きさと連動して動きも良くなり、以前よりもスピード感を持って働けるようになったこともありました。

大切なのは知識や経験、才能よりも、誠実さと勤勉さ、真摯さです。知識や経験は後からでも身につきますが、誠実さはなかなか後から身につきません。人間性の良いメンバーが集まることで、お店の雰囲気もより良いものに変わるのです。これはサービス業に限らず、あらゆる職場においても共通していることではないでしょうか？会社の雰囲気を作るのは1人ひとりのメンバーなのですから。

店が暇なときこそ「立ち方」を見られている

これは当店でもそうですし、私が客として他店を利用させてもらうときにも感じるのですが、「お店が暇だとお店もお客もお互いに気を遣う」ということがあります。

特にコロナ禍で閑散とした時期は、店も手持ち無沙汰で落ち着かず、つい気まずい空気が流れることもありました。

暇だとぼーっとして頭の回転も悪くなり、まったく気の利かない状態になる感覚とでも言えばいいのでしょうか。実はそんなときほど、気が緩んでその人の人間性が垣間見えることがあります。

例えば、自分の自宅にでもいるように入り口やトイレのドアを閉め忘れ半開きのままにしていたり、スマホをいじっていたり、お客様無視で店員同士おしゃべりを交わしたり……。確かにお客様がいなければ、一瞬、その空気に飲み込まれてしまいそうになりますが、そういうときこそ経営者が率先して動き、背中を見せねばと考え行動するようにしています。

理念は言葉だけではなく、行動でも見せられるもの。普段、忙しいと手の回らない店の張り紙やメニューの紙を張り替えたり、窓ガラスを拭いたり、冷蔵庫のフィルターを洗ったり、店の外のたばこの吸い殻やゴミを拾ったり……探せば仕事などいくらでもあるのです。

口で言うのは簡単ですが、やるのは難しいものです。ただ、経営者がお手本を見せれば、自ずと従業員も動いてくれるようになります。

単に「やって！」と命令するのではなく、先に行動することもそうですし、トイレ掃除然り、従業員ができれば避けたいと思う重労働や汚れ作業といったことほど率先し行うことが、信頼となりチームワークを構築する手立てになるのだと感じます。

私は時間が空いた時こそ、チャンスだととらえています。普段忙しいときにはできないことができますし、周りのメンバーとのコミュニケーションを取ることもできます。やることを率先して見つける積極性を育むいい機会とも言えるでしょう。

「従業員」ではなく「家族」と思え

経営者が上で従業員が下ということは、断じてありません。

経営者の方が偉いと勘違いしている経営者もいますが、一家で言えば家長と同じで、敬いながらもみんなで支え合い、成長するものだと私は考えています。

雇用したからには従業員の幸せを願い、責任を持ち面倒は見させてもらいますが、一人前に業務を行えるようになるためには、時に叱咤激励することだってあります。

それに、気持ちとしては家族同様、何かあれば真っ先に助けたい存在ですが、業務である以上は過剰な愛情は禁物。業務上の付き合いに加え、どうしたら本人が幸せな人生を送れるかを絶えず考え、真摯に対応しています。

従業員の中には役者やシンガーとして活動し、デビューに向けて夢を持ち働いている子がいます。シフトが入っているのに、急に「オーディションが入ったから休みがほしい」と当日に言われることもあります。

本音を言えばお店としては困るのですが、本人にとっては大きなチャンス。夢を叶えるサポートの一環として、そういった要望にもできる限り応じています。

もしかすると、それは会社経営としては正解ではないのかもしれません。けれど、もしもこの先、会社が困難な状況に陥ったときに、みんなで支え合い乗り越えるには、強固な絆が必要です。絆とは、1日で成り立つものではなく、そうした日々の積み重ねによって築かれるもの。全員が同じ方向に舵を切れば、荒波を乗り越えて目標にたどり着くと信じています。従業員の夢もサポートできる、そうした経営をしていきたいと私は思い、これまでサポートをしてきました。

それに、人は仕事という作業のために生きているわけではありません。夢や目標を持ち、それを実現するために働く方の方が多いでしょう。逆に言うと、従業員の夢も応援してくれないような会社は、その人の人間性を無視しているとも言えます。

以前、働いていた子は、歌がうまく、アニメの大好きな子でした。カラオケに行って歌う姿を見た私は、ピンと来て「もしかして声優になりたいんじゃないの？」と尋ねました。その子は「そうなんです」と頷き、声優になりたいけれど、両親には理解が得られないと思い、これまで打ち明けることができなかったと話してくれました。

そこでその子と一緒にご両親に会い、その思いを打ち明けたところ、「援助はしないけれど声優の学校には通ってもいい」と許可をもらえました。思わず私は、その場で「うちでバイトして学費を稼げばいいよ」と伝えたのです。

後日、その子から「もう少し収入を増やしたい」と相談されたときも、「この仕事を覚えてもらったら時給もこれだけ上げられるよ」とチャンスを与えることができ、めきめきと仕事を覚えたその子に、学費を払えるだけの給料を支払うことができました。

そういった過程を一緒に見てきた社員たちは、「うちは会社というより道場だ！」と笑いますが、同僚ではなく家族としてみんなで支え合い、これまでやってきたのです。

誰かがオーディションに合格すれば、グループLINEに報告し喜びを分かち合いますし、誕生日などもみんなで「おめでとう」とお互いにお祝いします。

そうしたことを、経営者の情熱で押し付けるのではなく、自然とお互いを敬い、応援し合える関係を築けて初めて、本当の「家族」と呼べるようになるのだと実感しています。

仕事を通じて、家族の絆ができたチームは強くなります。困ったときは助け合い、素晴らしいチームワークを発揮すれば、最終的には仕事のパフォーマンスも上がるでしょう。

そして、従業員同士が一生の親友になることもあります。私のお店をきっかけにして、一生のつながりを作ってもらえたら、とても嬉しいです。これも仕事の報酬とモチベーションになっています。これからも多くの人の「道場」となれるよう、精進していきたいと思っています。

第7章

1日1回、心を裸にしてください

「自分がどう生きるか」が大事だった私

私には、帰る場所がありません。

北海道で生まれた私は、1歳の時に両親が離婚。弟はまだ0歳だったので、私が父に、弟が母に引き取られたと聞いています。それからは父方の祖父母に面倒を見てもらっていましたが、小学2年生の時に父が再婚。新しい家族と一緒に暮らすことになりました。

幼いながら、父なりに努力してくれていたことはよくわかりました。けれど、継母に甘えることができず、再び私は祖父母の家の世話になることになりました。もともと祖父母っ子だった私でしたから、その後は何の不自由もなく、天真爛漫な子ども時代を過ごすことができました。

しかし、高校入学を機に、再び父のもとで暮らすことに。その時はだいぶ私も大人に近づいていたため、今度こそ父の家族にも歩み寄れるのではないかと努力しましたが、やはり折り合いが悪く、「家には自分の居場所がない」と感じるようになりました。

そして「早くこの家から出よう」と決意した私は、必死に勉強して神奈川県の国公立の短期大学に合格。進学にかこつけて、自分の居場所を求め東京に出てきました。

上京後は、短大に通いながら、スカウトされたプロダクションでモデルの仕事を行い、卒業後は事務所を移籍してシンガーソングライターとして活動しました。けれど、大きなヒットには恵まれず、音楽で生活をしていくのは難しいと感じた私は、手に職を付けるためエステティシャンに転身。その後、エステの学校で講師を務めました。

そうして30歳の時に麻布十番に会社を立ち上げ、エステサロンの経営者に。33歳の時に主人と出会いました。

振り返ると、なかなか人ができないようなたくさんの経験を積んできたようにも感じますが、主人に出会うまでの私は、何をやっても中途半端な人間でした。

自分には何が向いているのか、どうやって生きればいいのか、1つも自信が持てるものがありませんでした。

そんな時、主人と出会い、ほどなくして結婚。夫のお店を手伝うようになってから、面白いくらい、いろいろなことに気づけるようになったのです。中でも大きな気づきとなったのが、次の3つです。

1つは、自分の価値観に固執しすぎていた点です。「こうあるべき」と決めつけて考え方に幅がなくなり、意固地になっていました。

次に気づいたのは、「ダメな自分を認められない」ということ。結果、「ダメな自分を否定しては落ち込む」という繰り返しで、ずっと自分自身を苦しめていたのです。

それに気づけたことによって、「ダメな自分を受け入れて改善すればいいんだ！」と思えるようになり、それからは楽に生きられるようになりました。

そして3つ目は、何でも自分1人で抱えていたことです。家庭環境もあったのかもしれませんが、それまでの私は、何でも1人で解決を図ろうとしていました。けれど、大変なときは周りの人に助けてもらえばいい。助けてもらった分は、倍にしてお返ししていけばいい。そう思えるようになったのです。

それもこれも、主人と出会い、主人のお店で接客するようになったことが関係しています。お店に立っている間は、余計なことは一切考えず、「誠心誠意お客様の接客に努める」というミッションだけを遂行していった結果、物事をシンプルに考えられるようになり、お店全体を客観視できる、広い視野が持てるようになりました。

自分のことしか考えられなかった私が、広い視野を持ち、誰かを幸せにすることに力を注げるようになって初めて、「これこそが私の生きる喜び」だと知ったのです。

また、多くのお客様と接し、実感したのは、「自分の幸せだけを追求する人間は、誰からも愛されない」ということ。かつての自分は、周囲はもちろん、自分さえも愛してあげられなかったですし、当然、幸せにはなれなかったのです。

主人のお店で働き、ありのままの自分を認め、愛せるようになり、同時に身近な人の幸せを願えるようになったあの日が、本当の意味で、私の幸せな日々のスタートだったと言えるのかもしれません。

人は相手のために生きてこそ、幸せを感じるのだと思います。主人やスタッフ、お客様と出会えた私は本当に幸せ者だと感じます。

夫を立てたら1店舗が4店舗になった

私が夫のお店を手伝うと知った友人・知人は、「夫婦でお店をやるなんて羨ましい！」と言う人と、「夫婦でお店をやるなんて絶対にやめたほうがいい！」と言う人に分かれました。

後者のように忠告してくれた人は、一緒にいすぎて険悪になることや、1店舗目で失敗すると、すべての収入源を失うことを心配してくれたのだと思います。

しかしながら私は、「やきとんユカちゃん」系列店の成功は、夫婦だからこそ成し遂げられた功績だと思っています。

夫と出会ったのは、私が33歳のときです。

当時私は、麻布十番でエステ店を経営していました。

ある日、オシャレな麻布十番の中では異色とされる〝赤提灯〟のお店がエステ店の近くにできました。それが主人のお店であり本店の「麻布　ふじ嶋」です。

その物珍しさから訪れてみたところ、今まで食べたことのない極上の「やきとん」の美味しさを味わいました。さらには、奥の方で串を焼いていた男性（現夫）があまりにかっこよく一目惚れ！　その半年後には入籍していました。

こうして私は、「麻布 ふじ嶋」の女将になったのです。

夫は〝THE・職人〟気質です。

料理の腕はピカイチですが、接客は不器用。当初、そんな無骨な彼を見て、サービス業経験者の私は、「自分が入ればこの美味しさをもっとたくさんの人に広められるのに」と感じていました。

それもあり、結婚後は女将としてお客様へのホスピタリティー向上に集中しました。すると徐々にお客様が増え、「あのお店、美味しいよ」という噂が瞬く間に広まり、「麻布 ふじ嶋」開店の翌々年には、姉妹店の「やきとんユカちゃん 麻布ふじ嶋新橋店」をオープンすることができました。

わずか2年で2店舗目を出店するのは、業界でも難しいこととされています。東日本大震災があった年で、借り手がいなかった新橋の路面店を運良く借りられたという幸運も重なりました。

1号店のオープンから12年。現在は3店舗を出店中です。

年商も、初年度は年間4000万円ほどだったのが、現在では2億円を超えるまでに成長しました。

私たち夫婦の成功の秘訣は、「料理の技術は夫、営業は私」というように、明確な役割分担ができたことが大きいと思います。

そしてもう1つ言えるのは、夫を支えながらも、夫の収入に依存しなかった点にあると感じます。もともとはエステ店の経営者でしたから、人一倍、独立心は旺盛です。1店舗目では接客をメインに行っていましたが、2店舗目からは、前店長が退職したのち、私が店長となりお店を切り盛りさせてもらうようになりました。

結果、豚肉を捌き、串に刺し焼くこともできるようになりましたし、これまでの接客経験を活かし、従業員教育にも取り組むなど、自身の行いがすべてお店の売上げに直結し、目に見える形になりました。

夫に支えてもらっていた頃とは違い、自分がトップとなり働ける居場所ができたことで、責任感が増すと同時に、主人とも対等な関係が築けたのではないかと思います。

その絶妙な距離感こそ、夫婦で行う飲食店経営がうまくいく秘訣でしょう。お互いが切磋琢磨できる「戦友」になることで、絆もさらに深まり、売上げもどんどん伸びています。

お互いの役割分担を決めて、自立した大人同士で支え合うと大きな力を発揮できると感じています。人生のパートナーでありビジネスパートナーでもある夫とこれからも協力していきたいと思います。

高級レストランにはなくて、居酒屋だけにあるもの

高級レストランと居酒屋では、お客様が求めるものが違います。

高級レストランは、頑張った自分へのご褒美として、あるいは特別なデートやお祝いの食事の席などで利用するイメージがあるかと思います。普段よりちょっとおしゃれをして、背筋をピンと伸ばし、美味しいお料理をいただく……。その時間はとても

優雅で素敵ですし、明日への活力につながるものです。

一方、居酒屋は、普段使いの場所。日々を一生懸命生きていると、良くも悪くも気持ちは毎日のように揺れ動きます。そんな日々の心のバランスを保つために、「1杯飲もうかな」、「気分転換に寄ってみようかな」と気軽に入れるのが居酒屋です。

1日の終わりに肩の力を抜き、「はぁーっ」と大きく息を吐き、「今日も1日大変だったね」「よく頑張った」などと自分を労いながら、昼間着込んでいた鎧を脱ぎ、心を裸にしてリラックスしてもらう場所です。

なぜ、日本人は居酒屋を好むのか。それには、日本ならではの「お祭り」文化が関係しているのだと思います。「お祭り騒ぎ」という言葉があるように、神様に感謝しながらみんなでワイワイすることは楽しいですし、生きる活力の源として「お祭り」は必要とされています。

そう考えると、居酒屋とは、生きる活力がみなぎる、毎日小さなお祭りが開催されているような場所。コロナ禍でステイホームになっても居酒屋に人が集まろうとするのは、それが人間にとってなくてはならないものであり、心のオアシスだからではないでしょうか。

突然ですが、ここでクイズです。

高級レストランにはなくて、居酒屋だけにあるものって何でしょうか？

答えは「乾杯」です。

高級レストランでも、そっとグラスを合わせる乾杯は行いますが、みんなで「さぁ、飲むぞ！」と号令をかけるように大声で乾杯し、グラスを傾けられるのは居酒屋だけです。

レストランや定食屋でも、やろうと思えばできますが、あまり多くは見受けません。しかし、居酒屋ではいつでも、何回でも乾杯ができます。

乾杯をするたびにその場にいるみんなが笑顔になり、気持ちが1つに重なるような一体感が得られます。それは、まさにお祭りそのもの。気持ちも昂り、楽しい時間が共有できるのも居酒屋の醍醐味です。「乾杯は魔法の言葉」そう私は思っています。

このように、居酒屋には疲れた心を癒し、元気を取り戻そうとするパワー（治癒力）があります。毎日お祭りが開催されている神社のようなパワースポットと言えるかもしれません。当店に限らず、心のバランスを整えるためにも、自分をさらけ出せる居酒屋がみなさんにも1つは存在してくれたら嬉しいなと、そう心から願っています。

人生で大切なことは居酒屋が教えてくれた

お客様の多くが、当店を「やきとんユカちゃん」の愛称で親しんでくださっていますが、正式名称は「やきとんユカちゃん　麻布ふじ嶋　新橋店」です。実は、この名称になる前には別の店名がありました。

麻布十番で主人が「麻布　ふじ嶋」を出店し、初めて支店を新橋で出そうと決めた時、これまで頑張ってきた麻布十番のふじ嶋の味やスピリッツを新橋店でも伝承したいと思い、当初は「麻布ふじ嶋　新橋店」と命名し張り切って出店しました。

ところが、店名に「麻布」と入れたことで、たくさんの非難と洗礼を浴びることに……。「麻布がなんだ！　ここは新橋だ」「よそ者が新橋を荒らすな」といった声がどこからともなく聞こえたのです。

やきとんの聖地でもある新橋での出店は、私たち夫婦のかねての夢でしたし、本店同様、お客様に喜んでいただき、可愛がっていただきたいと思い命名したはずが裏目に出てしまったのです。

恐らく、肩書を盾に新参者が新橋の町に乗り込んできたと受け取られてしまったのでしょう。店名だけで新橋のみなさんを不愉快な気持ちにさせてしまうというのは、大変不本意なことです。そこで私たちは、慌てて「やきとんユカちゃん」という名称を冒頭に加え登録し直しました。

そしてもう1つ、新橋の街から教わったことがあります。

それは、どの店も自分のお店を良くしようとする以上に、新橋の街を良くしよう、新橋の街を盛り上げようとされていることです。

新橋には、飲食店だけで5000店舗以上あり、入れ替わりも激しい地域です。その一方で、2代、3代と続くお店を経営されている方も多く、みんな心から新橋という街を愛し、大切にしています。

開店当初、私はご挨拶もかねて、老舗のお店にお邪魔させていただきました。すると、来たばかりの新参者にもかかわらず、常連さんたちに「ユカちゃんのお店にも行ってあげてよ」とお願いしてくださったり、ご自身も忙しいのに、営業の合間を縫ってお店にお客様を連れて来てくれたりしました。

本当に温かい街で、「この街に支店を出すことができて良かった」と感じたのは言うまでもありません。

また、新橋にいらっしゃるお客様の多くが、肩書のいらない自分でいられるこの街を気に入り、自分が癒されるためだけでなく、お店を応援しようとしてくださいます。

家族や友人でもないみなさんに親身になっていただき、応援されると、店側だって努力しないわけにはいきません。その気持ちに応えようと、お客様の幸せを願い、精一杯のおもてなしをさせていただき、互いに家族のように受け入れ合う関係を築くようになりました。

この街にきて私は、街ぐるみで新橋全体の幸せを願う、そういったこの街ならではの神髄を教わりました。ここは、人と人との心の通った付き合いができる本当に温かい街です。

そんな新橋に救われているのは、店だけではありません。

いつも元気に振舞っている私にも、時として落ち込んだり、気持ちを整理したいときがあります。そういうときは、心の栄養を取り入れるために行く、顔なじみの居酒屋があります。

その居酒屋は、いつ行っても、お店のドアを開けた瞬間に優しい笑顔で迎えてくれる店員さんがいます。心が弱っているときは、本当にそれだけで涙が出そうになることもあるほどです。

そしてお酒を飲み、ゆっくり深呼吸をすると、スーッと心が温まり、内に秘めていた思いや言葉にできなかった感情が、次から次へと溢れ出てくるのです。

立場上、自分のお店では言えない弱さや本音を吐き出すことで、心が軽くなるのを実感します。帰る頃にはだいたい酔っ払っていますが（笑）、そのときには、さっきまで悩んでいることがちっぽけで大したことのないように感じ、帰り道は晴れやかな気持ちで笑顔になれているのです。

「飲む薬」とはこういうことだな……と思いますし、朝起きて二日酔いの自分を見て、これこそが「副作用だな」と思わず笑ってしまうこともあります。

居酒屋には、いろいろな活用法があっていいのだと思います。疲れた心に栄養を取り入れる場所として利用することも、大いに結構でしょう。友達ではないからこそ気楽に語れるという話は、誰にでもあるからです。

思い返せば、私が1人で居酒屋デビューしたのは、まだお酒も覚えたての20歳そこそこでした。

振り返ると、人生の半分以上、居酒屋でお世話になり、そこで出会った人たちの中には、自分の人生の指針を決めてくれた恩人もいます。いつも優しく話を聞いてくれて、適切なアドバイスをくれるおじいさんだなと頼りにしていたら、後に某上場企業の会長だとお聞きし、心底ビックリしたこともありました。

その方のみならず、聞けば著名人だったり、世界で活躍されている方だったりと、居酒屋を通じて名だたる方々にお会いしてきましたが、そのどなたも肩書には触れませんし、触れないことが居酒屋の暗黙のルールです。

そう、居酒屋とは、肩書のない横並びの世界なのです。好き勝手にしゃべって、まっさらな自分をさらけ出し、受け入れてもらいながら、本音で語る中で本当の自分を知る瞬間があります。

何を選択していくか、何を大事にするか、どういう風に生きていくか……。私の人生の指針を教えてくれたのは、いつも居酒屋でした。

「人生で大切なことのすべては居酒屋で教わった」と言っても言い過ぎではありません。お客様にとってもそんな存在になれるように精進していきたいです。周りのお店と共生することで、新橋という魅力的な街を一緒に盛り上げていけたら嬉しいです。

居酒屋には人生を変える出会いが待っている

出会いは人生の宝物です。

その出会いを素敵なご縁にできるかは、どれだけ素の自分をさらけ出せるかにかかっていると私は考えます。いくら格好つけても、メッキがはがれれば表面上の関係など一瞬にして終わります。だから、自分の本質にどれだけ興味を持ってもらえるか、どれだけ共鳴し合えるか、そうやって密な関係や絆が生まれるのです。

けれど、大人になると素の自分をさらけ出すことに抵抗があったり、立場上、弱音を吐けなかったりと、シラフではなおさら難しいもの。それが居酒屋だと、多少のアルコールの力も借りて、余計なものを脱ぎ捨てた丸裸の自分を出しやすいのではないでしょうか。

こんなことを言うと、非常識な経営者だと思われるかもしれませんが、当店では従業員を雇う際に、面接で「この子いいな」と感じたら、居酒屋に誘うことがあります。

お酒を飲むことで心が温まり、緊張もほぐれることで、こちらからも心を開いて真正面から仕事への思いを伝えることができますし、相手の子も、素の自分をさらけ出し、考えや思いを伝えてくれるからです。

事務所での面接ではわからなかったその子の人間性に感動したり、店の理念に共感してくれたり、時にはお互い思い描いていたイメージとは異なり、採用できない場合もありますが、お酒を酌み交わすことで、お互いの本音や芯の部分に触れることができます。それもあり私は、採用前に飲みに行く機会をできるだけ持つようにしているのです。

他にも、たまたま居酒屋で隣同士になった方と盛り上がり、お互いのビジョンや夢を語り合ううちに、後日、必要な出会いをもたらしてくださったといった出来事もありました。

何気なく話したことでも覚えていてくださり、「それならこの人に相談するといいよ」と、その道の専門家や有識者を紹介してくださり、夢の実現に近づくといった出会いも居酒屋だからこそもたらされる縁です。

また、「出会いがない」「恋人がほしい」という方は、ぜひ居酒屋に行ってみてください。居酒屋に行き、肩書のない空間で過ごし、店員や常連さんと会話を楽しむうちに、ありのままの自分が価値のある存在だと自信を持てるようになるからです。

無論、居酒屋には1人で過ごされるお客様が男女ともに多いですから、それが出会いとなり、結ばれる可能性は家にひきこもっているよりはるかに高いでしょう。

私の知人は、人恋しくなると、あえて大手居酒屋チェーン店に1人で行き、適度な喧騒を楽しみながら、人とは程よく距離があるその空間でしっぽり飲むことが好きだと言います。

1人自宅で過ごし静かな空間で孤独が増すよりも、そういった場に身を置いた方が、逆に冷静になれると言っていました。

私自身も、昔から悩みごとを抱えたときは、昼間の明るいうちに考えるようにしています。とくに、夜に悩むと孤独が増し、前向きな考えが浮かばないからです。だからそんな時は、居酒屋のようなパワーが満ちた場所で気分転換します。お酒を飲み、料理をつまみ、誰かとコミュニケーションを取ると、帰る頃には心が軽くなったり、満たされた気持ちになれると感じます。

居酒屋と聞くと、やさぐれている人が深酒をするというイメージを抱かれることもあるようですが、基本、頑張っている人たちが集まる場所です。

だから私は、お客様を見ているだけでパワーがもらえますし、たとえ落ち込んでいる人がいても、それを吹き飛ばすほど良いエネルギーが店内には充満しているので、帰る頃にはみんなスッキリとした、いい顔をしています。

家では得られないエネルギーを摂取できる場ですから、心を癒やすとともに、素敵な人たちとの出会いによって気づきや学びも得て自身の栄養にすれば良いのです。

そんな人と人との心が通う居酒屋をこれからも盛り立てていくとともに、私自身もたくさんのパワーと心の栄養を吸収し、当店には「いつも良いパワーの循環がある」と言われるお店を続けていきたいです。

居酒屋には人生を変える出会いが待っています。1人で孤独を感じたときは、ぜひお店にいらしてください。スタッフや周りのお客様の前向きなパワーがもらえますよ。

なぜ私は〝放るもん（ホルモン）〟にこだわるのか？

「ホルモン焼き」という名称が、大阪弁で「捨てるもの」を意味する「放《ほう》るもの」に由来する、と言われ始めたのは1970年代のことです。

現在では俗説として否定されているようですが、私はこの「ほうるもの由来説」に共感しているので、勝手に採用しています。実際ホルモンと言われるハツ、カシラ、ハラミ、タンなどは、元々廃棄されていた部位でした。

かつて捨てられていたものが見直され、「モツ焼き」という絶品料理に姿を変えて、人に滋養を与える存在になったのは、なんだかいい話だな、と思うのです。

私は、そんなホルモンを「美味しく食べてもらえますように」と想いを込めて、1

本1本、串に刺し、焼き、心を込めて2回調理します。毎日、作業に集中する中で、人と人とのつながりにも想いを馳せることに幸せを感じています。

不景気なときこそ、低予算で友人知人と笑い合える「居酒屋」という場がどんなに大切かということをいつも忘れないようにしています。

私たち庶民は、国の経済状況によっていつどうなるかわからない存在です。会社から捨てられたり、ひょっとしたら、家庭からも放り出されてしまったりするかもしれない、そんな不安定な存在です。

串焼きは、そんな私たち庶民の食べ物であり、庶民の幸せの象徴です。

仕事あがりの「とりあえずビール」に一番合うおつまみとして、1本100～200円という低価格で、予算に応じて好きなものを選べます。そして、カジュアルで気取らない居酒屋という場所が、庶民の心を癒し、温めてくれます。

実際に、ホルモンはパワーフードです。

百獣の王ライオンも、獲物を捕まえたら内臓から食べるそうです。

日本人は大事なことを「肝」と言います。

そして、全ての生命活動を支えるのは「五臓六腑」です。

ホルモン屋は、まさに、サラリーマンやOLが動物の五臓六腑を腹に落とし、本音を語らいながら、心の疲れを洗い流し、エネルギーに変える場所なのです。

その居酒屋で、心のつながりを仲介する、安くて美味しくて栄養価の高い食べ物がホルモンなんです。

「やきとん居酒屋」は、東京発祥であり、仕事や生活で疲れた人の多い街によく馴染む文化です。

実際、関西ではあまりやきとん屋は見かけません。東京の中心・新橋から「やきとん居酒屋」の文化を盛り上げ、そんなパワーフード、パワースポットを日本全国にじわじわと広げていくことこそ、私のライフワークなのです。

そのために過去の自分や日々の感謝を「肝」としてパワーを養い、新しい自分に成長していきます。お店もどんどん新しいことに挑戦し、疲れが吹き飛ぶパワースポットとしてさらに進化していきたいです。実際にお店でお会いできるのを楽しみにしています。

あとがき　コロナ禍の先にあるもの

最後まで本書にお付き合いいただき、誠にありがとうございます。

お楽しみいただけましたでしょうか？

既にお気づきかと思いますが、私は心の通い合える仲間にだけ愛を尽くしたいと思っています。

それは店も然りで、店はお客様に尽くし、お客様は店を愛してくださる……その相互関係を大切にしています。その関係があってこそ、お互いが幸せな時を過ごせると思っています。そして、私たちはそういう店創りに努めています。

２０２０〜２０２１年、居酒屋をはじめとする飲食業界には、新型コロナウイルス感染症の拡大を防止するため、夜間営業時間の短縮、ならびにアルコールの提供停止が言い渡されました。当初は協力金をいただき何とか営業をしていても、ついには休業、廃業するお店が後を絶ちませんでした。先行きの見えない状況の中、まだまだ茨の道が続くことだけは確かだと思います。

当店でも、味とサービス、価格には自信を持ち営業しておりますが、日によっては数人のお客様しか来店されない日もありました。

それでも、来てくださったお客様を誠心誠意おもてなしする――私たちにはそれしかできないのです。

どんな状況であっても、一生懸命おもてなしをすれば、またお客様が友人や知人を連れて来てくださったりと、その先には良い連鎖反応が必ず起こるからです。

とはいえ、心が折れそうな日は数え切れません。

「お客様が来ないのは、自分のせいなのではないか？」「今やっていることは、無駄なことではないか？」そんなふうに、自分を責めることも多々あります。

しかし、そんな時には、決まってこう言い聞かせます。

「自分を責めても何も始まらない。目の前のお客様を誠心誠意おもてなしする」

私にできることは、それだけです。

本書は、居酒屋以外の全ての職業にも通じるビジネスのヒント本です。日々、お客様と向かい合う姿勢は、どの職業にも通じるものと思います。

人生、暗闇のなか、ただひたすら目の前のことをやり抜く日々だってあります。

けれども、失敗し、回り道をするからこそ見える景色もまたたくさんあります。

長い夜が訪れようとも、夜明けは必ず訪れます。

たとえそれが望む方向ではなくても、信念を持ち貫いたことは、未来の自分のための大きな糧となるのです。

経済が以前のような活気や景気を取り戻すには、まだまだ時間がかかるでしょう。それでも、夜明けは必ず訪れると信じて、常に新しい挑戦をして、この苦難を乗り越えていきたいと思います。

私自身、２０２1年になってYouTube配信をはじめました。同時に、ＮＰＯ法人と提携して、「やきとん」を通じて東北の子どもたちを支援する活動も進めています。

生き物から命をいただき、生かされているということを、食育を通して子どもたちに伝えるのがその目的です。

いずれ東北の被災した子どもたちのところへ行き、豚を1頭、丸ごと捌く様子を見てもらったり、捌いた豚肉を炭火で焼き、その場で大事にいただいたりということを実施しようと考えています。

今の子どもたちを見ていると、1人でゲームに没頭したり、食事を1人で食べる孤食が増加したりと、「食べることの楽しさ」を誰かと共有する機会はもちろん、味覚の育ちも心配されています。

ですから、子どもたちにはそういった体験を通して、命のありがたさや、友達と食事をする楽しさ、喜びといったものを感じてもらいたいと思います。

もちろん、飲食店は素晴らしい職業であることも――。

豚を捌く様子や仕込みなどの動画は既にYouTubeにもアップされていますし、これからも随時、配信をし、チャレンジを続けていきたいと思っていますので、ぜひご覧いただけたらうれしいです。

また、いつも飲食店を応援くださり、帯でもメッセージをくださったひろゆき（西村博之）さんに心より御礼申し上げます。

ひろゆきさんは、勇気を与えてくださる存在であり、折れかけていた私に、頑張る気力を与えてくださいました。

最後になりますが、本書は、「頑張れ！　頑張れ！」とたくさんエールを送ってしまう内容でしたが、もしも頑張り過ぎて疲れてしまった時は、「やきとんユカちゃん」の暖簾をぜひくぐってください。従業員一同、心を尽くしておもてなしをさせていただきます。いつでもあなたのご来店をお待ちしています！

著者プロフィール

藤嶋由香（ふじしま ゆか）

新橋のもつ焼き居酒屋「やきとんユカちゃん」店主。居酒屋経営コンサルタント・居酒屋コメンテーター。1976年、北海道室蘭市生まれ。短大時代、モデル・歌手の道を目指し、20代の頃、クラウンレコードからジャズシンガーとしてデビューし、アルバム２枚をリリース。モデル、歌手、ホステス、エステスクール講師、エステ店経営者を経て結婚、夫が経営していた串焼屋の女将となる。「居酒屋文化の推進」をライフワークとし、多方面にて活動中。YouTube チャンネル「やきとんユカちゃんねる」を運営。コロナ禍による営業自粛要請と戦う「新橋一揆」や権力に対する歯に衣着せぬ発言で注目を集め、これまで100を超えるメディアから取材を受けている。

Staff

出版プロデュース　株式会社天才工場　吉田浩
編集協力　潮凪洋介／佐藤文子
装丁　bookwall
撮影　永峰拓也

一緒に飲みたくない客は断れ！

2021年10月4日　第1刷発行

著　者　　藤嶋由香
発行者　　千葉　均
編　集　　碇　耕一
発行所　　株式会社ポプラ社
〒102-8519　東京都千代田区麹町4-2-6
一般書ホームページ　www.webasta.jp
印刷・製本　中央精版印刷株式会社

N.D.C673／206p／19cm　ISBN978-4-591-17113-4

P8008350